중소기업의 전략적 CSR경영실무

제4차산업혁명 시대를 리드하는 CSR 지침서

중소기업의 전략적 CSR경영실무

서정태 · 손석주 · 안성남 · 이승용 · 박용기

생각나눔

Prologue

CSR 경영은 이미 대세를 거스를 수 없는 세계적인 추세인가?

2010년 국제표준화기구(ISO)에서 기업의 사회적 책임(CSR: Corporate Social Responsibility) 경영에 관한 국제표준 ISO26000(2010)을 발표한 지가 십 년을 넘었고, 중소기업 CSR 경영에 대한 생태계 조성을 위해 중소벤처기업부에서는 2016년 '사회적 책임경영 중소기업 육성 기본계획(2017~2021)'을 발표하였습니다.

국내·외적으로 CSR(기업의 사회적 책임) 경영에 관한 관심과 정책이 추진되고 있으나, 산업 현장에서는 아직도 그 생태계 조성에 미흡한 점이 많고, 경영진과 실무자들은 CSR 경영에 어려움을 겪고 있는 게 현실입니다.

이에 저자들은 그동안 현장 컨설팅과 실무경험을 바탕으로 CSR 생태계 조성에 이바지하고, CSR 경영에 어려움을 겪고 있는 독자분들에게 도움을 드리고자 본서를 집필하게 되었습니다.

환경을 파괴하는 기업들은 사회적으로 비난받으며 이윤만 추구하는 기업은 생존하기 어렵고, 환경을 보호하고 사회적 책임을 다하는 스마트한 기업이 발전하는 시대로 경영 패러다임이 바뀌어 가고 있습니다.

기업 홈페이지를 열면 제일 먼저 눈에 잘 띄는 곳에 '지속가능경영보고서' 또는 'CSR 경영보고서'란 이 올라온 것을 볼 수 있습니다. 기업들은 이해관계자의 리스크 요인을 기회요인으로 경영활동에 반영하여 위험요소를 사전에 개선하고 글로벌 환경에서 경쟁력을 높이기 위해 CSR 경영에 대한 필요성이 커지고 있는 것입니다.

CSR은 이제 기업이 생존 발전하기 위해 반드시 필요한 경영의 핵심요소 중 하나로 그 중요성은 더욱더 커지고 있으며, CSR 경영은 이미 대세를 거스를 수 없는 세계적인 추세입니다.

이 책을 통하여 무엇을 얻을 수 있나?

지금은 CSR 생태계 조성을 위한 중소기업의 성공적인 CSR 경영이 매우 중요한 시점입니다. 중소기업으로부터 부품, 소재가 탄생하여 제품이 만들어지고 있습니다. 중소기업의 뿌리가 튼튼해야 중견기업과 대기업 제품의 품질보증 능력이 높아져 국가발전에 이바지할 수 있기 때문입니다.

이 책은 중소기업이 대기업 및 다국적 기업 간 공급사슬 관계를 맺고 거래유지를 하는 데 직간접적으로 압력을 받아 어려움을 겪고 있는 현실을 고려하여, 기업의 사회적 책임에 대한 기본적인 이해부터 국내외 성공과 실패 사례까지 다양한 실무분야를 다루었습니다.

사회적 책임에 대한 수준 진단 체크 시트 제공으로 자가진단을 통해 스스로 개선 방향을 도출하여 실천 가능한 것부터 단계적으로 추진하도록 가이드를 제공하고 있습니다.

이해관계자들에게 호감을 불러오는 CSR 경영보고서 작성을 위해 자세한 그림과 도표를 제시하였으며, 이 책을 통하여 누구나 쉽고 간단하게 지속가능경영보고서를 작성할 수 있도록 지원하는 것이 특별한 장점이라고 할 수 있습니다.

지속가능경영보고서 검증에 대하여 검증 절차 및 검증규격(AA1000AS)을 제시하여 기업이 작성한 지속가능경영보고서에 대해 효율적인 검증준비를 지원하고 있습니다. 따라서 지속가능경영보고서의 신뢰성을 확보하는 데 길잡이가 될 것입니다.

중소벤처기업부가 '사회적 책임경영 중소기업 육성 기본계획(2017~2021)'에서 우리나라 중소기업의 CSR 경영 수준은 미흡한 실정이라고 지적하며, 개선을 위해 제시한 3대 전략과 6대 추진과제를 이 책에 수록하였습니다.

정부 계획에 따르면 앞으로 CSR 확인기업에 대한 자금, 판로, 세제지원 등이 직·간접적으로 확대될 것으로 예상하며, 이에 대응하여 산업 현장에서 누구나 쉽게 활용할 수 있도록 GRI G4 가이드라인과 ISO26000(2010) 국제표준을 적극적으로 반영하였습니다.

이 책의 발간 목적은 최고경영자가 CSR 경영에 대한 의지를 가지고 경제적 수익성, 환경적 보호성, 사회적 책임성을 균형 있게 발전시켜 스마트한 기업으로 성장하도록 지원하는 데 있습니다.

이 책은 기업의 임직원뿐만 아니라 CSR을 공부하는 학생들과 경영컨설턴트들에게도 좋은 동반자가 될 것입니다.

아무쪼록 이 책이 중소기업에는 전략적 CSR 경영을 기반으로 강소기업으로 성장하는 데 도움을 주고, 독자 여러분들에게는 이론보다 현실적인 정보를 얻는 데 조금이나마 보탬이 되었으면 하는 간절한 마음입니다.

이 책은 선행연구자료, 국제표준의 ISO2600(2010) 등의 발표자료, 실무사례를 연구 분석하고, 다년간 현장 컨설팅과 강의 실무 경험을 가진 저자들이 수차례 치열한 토론과 검증을 거쳐 얻은 핵심 know-how를 집약하여 저술하였습니다.

이 책이 나오기까지 도움을 주신 '도서출판 생각나눔' 임직원 여러분과 이 책을 추천해 주신 여러분 및 저자들의 사랑하는 가족들에게도 감사드립니다.

2021년 01월 05일
대표저자 서정태 외 공동저자 일동

추천사

중소벤처기업부에서 발표한 2016년 사회적 책임 경영 중소기업육성 기본계획을 반영하여 중소기업 현장에서 CSR 경영 컨설팅 실무경험을 바탕으로『중소기업의 전략적 CSR 경영실무』전문서적을 출간하게 된 것은 정부정책에 따라 중소기업의 CSR 생태계 조성에도 많은 도움이 될 것으로 생각합니다.

이 책은 그동안 보아왔던 이론 중심의 문헌을 뛰어넘어 기업이 스스로 CSR 경영수준에 대해 자가 진단이 가능하도록 체크시트를 만들어 실었고, 실무적으로 어려워하는 지속가능경영보고서를 스스로 작성할 수 있도록 가이드를 제공하여 중소기업 및 경영, 기술지도사, 각 분야 CSR 경영전문가들이 이용하는 데 단비와 같은 소식이 될 것입니다. 그리고 다년간 현장경험이 녹아 있는 이 책은 대학이나 전문교육 기관에서 중소기업의 전략적 CSR 경영실무 교재로 사회적 책임경영에 대한 전문가를 육성하는 데 좋은 자료가 될 것입니다

4차 산업혁명시대 중소기업의 사회적 책임에 대한 이해관계자의 관심과 EU(유럽연합), 중국, 인도 등 많은 국가에서 CSR 경영을 법적으로 의무화하고 있으며, 세계 각국이 지구온난화를 방지하기 위해 그린뉴딜

(Green New Deal) 정책을 발표하고 있습니다. 한국판 그린뉴딜 정책으로 그린에너지, 친환경 미래 모빌리티(Mobility), 스마트 그린 산단 등 환경적 책임에 대한 정부정책이 발표되었습니다. 미래 블루오션(Blue Ocean)인 녹색제품 개발과 온실가스 저감을 위한 전략적 CSR 경영이 어느 때보다 중요성이 커지고 있어 중소기업의 전략적 CSR 경영실무 도서가 많은 분에게 길잡이가 될 것으로 생각합니다.

이렇게 의미 있는 본 도서가 4차 산업혁명시대에 많은 중소기업 경쟁력 향상에 기여하고 경영, 기술지도사 및 각 분야 CSR 전문가 여러분들에게 오랫동안 사랑받길 기대해 봅니다.

한국 경영 기술 지도사회 회장 김오연
2021년 01월 05일

추천사

미국·EU 등에서는 일정 규모 이상의 자산 또는 매출액이 있는 기업에 대해서는 CSR 경영 의무화 및 정부 지원이 확대되고 있는 등 CSR 경영은 이제 선택이 아닌 필수인 시대로 발전하고 있습니다.

CSR 경영은 기업가치 평가에 가장 중요한 지표가 될 것이며, 글로벌 무한경쟁시대에 기업의 미래 가치를 높일 수 있는 무기가 될 것입니다.

그러나 기업에서 실제로 CSR 경영을 전략적으로 추진하려면 어디서, 무엇부터 시작해야 할지 실무적으로 많은 난관에 부딪히는 것도 사실입니다.

이번에 출간된 『중소기업의 전략적 CSR 경영실무』는 이러한 어려움을 해소하는 데 친절한 가이드가 될 것입니다.

CSR의 이론적 핵심내용과 실무적인 과제들을 짧은 시간에 모두 파악할 수 있도록 많은 실제 사례를 들어 알기 쉽고, 중소기업의 임직원 및 CSR 실무담당자가 쉽게 따라 할 수 있도록 많은 그림과 도표를 사용하여 활용도가 매우 높을 것입니다.

CSR의 국제표준 ISO26000(2010)에 대하여 알기 쉽고 자세하게 설명하였으며, 중소기업 벤처기업부에서 발표한 CSR 추진전략과 과제에 대하여도 상세히 설명하여 이해하기가 쉽습니다.

CSR 전문가인 저자들은 다년간 CSR 분야의 전문성을 쌓아온 경험을 이 책 속에 고스란히 녹여내어, CSR 강의교재나 경영컨설턴트들의 참고자료로 사용하시면 매우 좋은 결과를 얻을 수 있을 것입니다.

이 책은 기술혁신형 중소기업 임직원이나 일반 독자분들이 손쉽게 전문가 수준의 CSR 역량을 높여가는 데 더없이 소중한 자료로 생각되어 적극 추천합니다.

중소기업기술혁신협회 회장 조홍래

2021년 01월 05일

조홍래.

1.

경영의 패러다임 변화와 CSR

1. CSR의 인식 변화

기업의 사회적 책임을 도외시하며, 오로지 경제적 이익만을 추구하는 기업은 생존하기 어려운 시대로 경영 패러다임이 변하고 있다. 21세기의 기업들은 기업의 사회적 책임(CSR; Corporate Social Responsibility)을 중요한 화두로 다루게 되었다. 이는 기업이 단지 경제적 견인차 역할을 넘어, 사회 전체를 바람직한 방향으로 이끌어 가는 중심축 역할을 해야 한다는 사회적 공감대에서 출발한 것이다. 그 때문에 현장의 요구 못지않게 기업의 사회적 책임에 관한 연구도 활발히 진행되고 있으며, 각 기업들이 사회적 책임에 어느 정도의 노력을 하고 있는지를 평가하는 시스템도 증가하고 있다.

최근 기업들은 다양한 형태로 이웃과 사회를 위해 전담 부서까지 두며 다양한 사회 공헌 활동을 벌이고 있다. 기업들이 앞 다투어 CSR 활동을 하는 이유는 CSR 활동이 기업의 이미지와 브랜드 가치를 높여 제품과 기업 경쟁력으로 이어지고, 결국 기업의 지속 성장 가능성을 담보하기 때문이다. CSR이 성과를 내려면 장기적인 안목으로 기업의 비전과 주제에 맞는 활동이 이루어져야 한다.

최근 글로벌 경쟁 심화와 코로나 19의 영향 등으로 기업의 영업, 생산 활동이 위축되고, 이에 따른 매출이 급감하고 있으며, 이러한 외부환경 변화로 기업은 직접적인 영향을 받아 기업의 지속가능성에 대한 위협으로 나타나고 있다. 특히 기반이 취약한 중소기업은 그 영향력이 더욱 크게 작용하고 있다. 이에 대응하기 위해 기업은 지속가능한 전략을 수립할 필요가 있으며, 이러한 면에서 기업의 사회적 책임은 지속가능 경영을 위한 준비 사항이라 할 수 있다.

기업의 사회적 책임은 장기적인 안정성을 고려하여 모니터링을 통해 이슈 과제를 신속하게 개선하므로, 사전에 위험 요소를 제거하고 큰 손실을 예방하는 데 효과적이다.

미국 엔론(Enron)사나 월드컴(WorldCom)사의 경우, 경영자는 파산 직전 단계까지 재무 성과를 우수한 기업으로 위장하고 개인적으로 막대한 이익을 챙겨 파산시킨 사례이다. 이와 같이 세계적으로 경제 위기 이후 이러한 사례를 사전에 방지하기 위해 주주 및 투자가들에게 사회적 책임에 대한 관심이 높아지고 있으며, 사회적 책임 경영에 대한 필요성 또한 높아지고 있다.

2010년 11월 국제표준화기구(ISO: International Organization for Standardization)에서 CSR의 국제표준인 ISO 26000이 발표되면서 중소기업은 다국적 기업과 대기업으로부터 공급망 CSR에 대한 압력이 직간접적으로 높아지고 있다. 이에 따라 정기적인 평가를 통해 거래 유지 또는 거래 중지로 이어지고 있어 피할 수 없는 CSR 경영 환경으로 변화되고 있으며, 중소기업의 CSR 경영의 필요성은 더욱 높아지고 있다.

기업은 환경 자원을 이용하여 제조 과정을 거쳐 제품 및 서비스가 진행되기 때문에, 불가피하게 온실가스를 배출하고 있어 사회적 책임에 대한 당위성이 높아지고 있다. 글로벌 환경에서는 SNS(Social Network Service)의 발달에 따라 다국적 기업 또는 대기업의 협력 업체와의 사회적 문제가 어느 순간 소비자 불매 운동으로 나타나 주가 폭락 또는 생존으로부터 위태로워질 수 있다. 따라서 사회적 책임 활동이 점진적으로 확대되고 있는 실정이다.

그리고 중소기업의 사회적 책임에 대한 세제 지원 계획과 금융 지원 혜택 등이 확대될 것으로 전망되고 있어 경쟁력을 한층 높이기 위해 전략적인 CSR 경영이 선택이 아닌 필수인 시대로 변화되고 있다.

기업은 이윤 추구가 목적이지만, 약자들을 위해 일자리를 제공하고 사회적 서비스를 제공하는 사회적 측면을 고려해야 한다. 미국, 영국 등 해외 선진국에서는 기업의 CSR활동이 우리나라보다 더욱 적극적이며, 또한 사회 일원으로서의 활동이 증가하고 있다.

글로벌 경쟁 시대인 현대 사회에서 '사회적 책임을 다하면서 수익 창출이 가능할까?'라는 의문을 품는 기업이 많이 있을 것이다. 기업의 CSR활동은 많은 사람에게 좋은 기업 이미지와 브랜드 가치를 높이기 위해 긍정적인 홍보방안으로서, 지속가능 경영보고서를 발간하여 전략적으로 이용해야 하는 시대로 변화하고 있다. 이제 CSR은 기업경영의 필수요소로서 그 중요성은 더욱 커지고 있으며, CSR경영은 이미 대세를 거스를 수 없는 세계적 추세이다.

2. CSR의 기업 분류 형태

        CSR과 관련하여 기업은 어떻게 분류될까? 궁금해진다. 이는 사회 이익을 추구하는 기업과 기업 이익을 추구하는 기업으로 분류된다. 사회 이익에 치중하면 '착한 기업(Good Corporation)'으로 인식되지만, 수익 부분이 약하여 기업의 생존권 문제가 대두될 수 있다. 기업 이익에 치중하면 '이기적 기업(Selfish Corporation)'으로 인식하여 이해관계자들은 기피하게 되고, 어느 시점에 외길을 걷게 되어 협업 시대에 생존하기 어려운 환경으로 도태될 수 있다. 또한, 사회 이익과 기업 이익 모두 경영 활동에 반영하지 않은 기업은 '수비적 기업(Defensive Corporation)'으로 영세한 기업이 될 것이다. 가장 발전적인 기업은 '스마트한 기업(Smart Corporation)'으로 사회 이익과 기업 이익을 생각하면서 기업의 핵심사업과 연계하여 CSR 경영을 하는 기업이다.

  미국 캘리포니아주에 본사를 두고 있는 신발 업체인 '탐스 슈즈(TOMS Shoes)'와 같은 기업이 스마트한 기업의 좋은 예가 될 것이다. 블레이크 마이코스키(Blake Mycoskie)는 2006년 탐스 슈즈를 '맨발로 다니는 어린 아이들을 돌본다'는 창립의도를 가지고 창립하였다. 블레이크 마이코스키가 아르헨티나를 여행하면서, 신발을 한번도 신어본 적이 없는 아이들을 만나게 되었다. 이때 아이들이 발에 난 상처를 통해 질병에 노출된 것을 안타깝게 생각하여, 실발 한 켤레를 팔 때마다 한 켤레를 기부하는 방식으로 '일대일 기부 공식(One For One)'을 도입하였다. 그리하여 착한 신발로 차별적인 기업 이미지를 확보하였다. 또한, SNS를 통해 소비자들에게 감동을 전달하기 위하여 2006년 아르헨티나 아이들에게 10,000켤레, 2007년 남아프리카 아이들에게 50,000켤레, 2010년 누적 1,000,000켤레를 기부하였다. 그 결과, 2009년 매출액 55억 달러를 넘기는 매출 성장을 기록하여 크게 성공한 기업이 되었다.

2.
CSR 경영의 필요성

1. CSR의 개념

　　　　　기업들은 성공하기 위해서 시대와 상황에 맞는 더 합리적인 답을 끊임없이 찾거나 만들고 이를 실천해 왔다. 제품을 만들어서 시장에 내놓기만 하면 팔리던 시대에는 생산량을 최대한 늘리는 것이 상책이었는데, 경쟁 업체의 증가로 공급량이 증가하자, 제품의 품질로써 경쟁 우위를 차지하려 했다. 이어 모두가 우수한 제품을 공급하자 '어떻게 하면 잘 팔 수 있느냐?'를 고민하게 되었다. 그리고 판매 역량이 평준화되자 새로운 시장을 개척하기 위하여 고객과의 거래 또는 커뮤니케이션 관계를 강조하였다. 그리고 지금은 사회적으로 가치가 있거나 좋은 기업이라고 인정받도록 노력하는 것이 더 현명한 답인 시대가 되었다.

　2016년 4차 산업혁명이라는 큰 화두를 제시한 세계 경제 포럼(WEF, 다보스 포럼)은 50회를 맞은 2020년 1월에 4차 산업혁명 시대 기업의 보편적 목적에 대한 다보스 선언을 제시하였다. 이는 '기업이 단순히 경제적 목적만을 추구하는 것을 넘어서 공유 및 지속가능한 가치 창출에서 모든 이해관계자들, 즉 사회를 고려하고 사회와 함께 행동해야 한다.'는 주장이다. 이러한 맥락에서 기업도 성장하면서 윤리와 자선적 책임까지 실천하려고 하는데, 이는 사회가 진화하면서 기업에게 원하는 욕구로 표출되고 있다.

　즉, 사회가 기업에게 경제적 기본 책임을 넘어서 법과 윤리적 공정성, 그리고 더욱 적극적인 자선적 책임까지 요구하고 있다. 그리고 개인이 욕구를 추구하는 것처럼 기업도 수동적인 책임이 아니라 성공의 기회를 잡기 위한 적극적인 추구 활동으로 표출하는 것이 바로 CSR 활동이라고 할 수 있다.

1) CSR의 정의

이 책에서 앞으로 계속 언급할 CSR이라는 용어에 대해 그 명확한 뜻을 규명하고, 이에 대한 여러 가지 다른 견해들을 제시하여 불필요한 혼동을 없애는 것이 우선적일 것이라 생각하여 CSR의 정의부터 살펴보기로 한다.

CSR(Corporate Social Responsibility, 기업의 사회적 책임)이란 '기업의 이해관계자들이 기업에 기대하고 요구하는 사회적 의무들을 충족시키기 위해 수행하는 활동으로, 기업이 자발적으로 사업 영역에서 이해관계자들의 사회적, 그리고 환경적 관심사들을 분석하고 수용하여 기업의 경영 활동에 적극적으로 적용하는 과정을 통해 이해관계자들과 지속적인 상호 작용을 이루는 것'이라고 정의할 수 있다. 즉, 기업의 리스크를 줄이고 기회를 포착하여 중장기적 기업 가치를 제고할 수 있도록 추진하는 일련의 '이해관계자 기반 경영 활동'이라고 할 수 있다.

CSR에 대한 정의는 학자, 단체마다 다르게 표현하고 있는데, CSR과 관련된 몇 가지 정의를 살펴보면 다음과 같다.

- 이익 창출 및 이해관계자들의 수요에 부응하기 위해 규제에 순응하는 것 이상으로 기업이 노력하는 것(The myth of CSR, Deborah Doane)
- 기업과 사회와의 공생 관계를 성숙시키고 발전시키기 위해 기업이 취하는 행동(OECD)
- 직원, 가족, 지역, 사회 및 사회 전체와 협력하여 지속가능한 발전에 기여하고 이들의 삶의 질을 향상시키고자 하는 기업의 의지(WBCSD, 1998)

- 기업 스스로가 자신의 사업 활동을 할 때나 이해관계자(stakeholder)와 의 상호 관계에서 자발적으로 사회적 또는 환경적인 요소들을 함께 고려 하는 것(Commission of the European Communities, 2001)
- 기업의 경영 활동 중 하나로서 기업과 직간접적으로 관련된 모든 주체 들에게 영향을 미칠 수 있는 모든 이슈에 대한 경제적, 법적 그리고 윤 리적 책임을 자발적으로 받아들이는 것(Crane, 2014)

이와 같이 서로 조금씩 다른 정의를 내리고 있는 것을 볼 수 있다. 하지 만 이들의 공통점을 보면, CSR이란, 기업의 이익을 창출하는 데에 책임감 을 갖고 있던 범위를 넘어 이해관계자를 포함한 사회와 환경 등에 대한 책 임감을 갖고 그것을 실천하는 행위임을 알 수 있다.

2) CSR 활동에 대한 전통적 견해

기업의 경영에 있어서 CSR 활동은 다른 경영학적 분 야들에 비해 그 이론적 연구가 확립된 시기가 비교적 최근이다. 초기에 대 두된 CSR 활동에 대한 학자들의 견해는 기업의 독립된 주요 경영 활동이 라기보다는 단순한 자선 사업, 즉 기업의 인지도와 평판을 관리한다는 측 면이 강한 부수적 성격의 기업 활동이라는 시각으로 보았다.

과거에는 기업의 CSR 활동은 단순한 자선 사업의 성격을 띠고 있어서 정기적으로 발생하는 비용이라는 인식이 강했고, '기업의 핵심 활동인 수 익 추구 및 장기적인 경영 실적 증대와는 직접적인 연관이 없는 활동'이라는 견해가 많았다. 그러나 '단기적으로는 성과를 측정하기에 한계성이 있으나 중장기적으로는 기업 이미지 및 브랜드 가치에 긍정적인 영향을 주고 있다.'고 발표되고 있다.

세상이 변하고 있으며 단순한 변화가 아니라 '패러다임'의 변화이다. CSR도 예외가 아니다. 기업의 목적은 이윤 창출 극대화, 이를 통한 주주 가치 극대화라는 전통적 견해가 재정의되고 있다.

기업이 이윤을 추구하는 영리 조직임은 분명하다. 기업은 저렴하게 좋은 제품을 만들어 시장에 공급함으로써 소비자의 삶의 질 향상에 기여하고, 최대한 이윤을 확보해 주주들에게 환원해야 할 책임이 있는 조직이다. 이때, 기업은 과연 어떤 관점에서 이윤을 추구할 것인가에 대해 생각해 볼 필요가 있다. 실제 기업의 사회적 책임에 관한 논의의 상당 부분은 이 문제와 관련되어 있다. 간단히 말해 기업이 단기 이윤에 집착한다면 이로 인해 여러 가지 갈등을 유발할 수 있다. 반면, 장기 이윤을 추구한다면 사실상 이해관계자 가치를 고려하게 될 뿐만 아니라, 나아가 사회적 책임의 상당 부분을 완수할 수 있기 때문이다.

CSR 활동을 단순한 자선 사업의 측면으로 보는 전통적 견해를 벗어나 기업의 핵심사업과 연계하여, '수익 추구와 장기적 경영 실적 증대에 직접적인 영향을 주는 핵심적 경영 활동 중 하나'라고 보는 견해가 있다. 이는 기업 환경의 변화와 함께 사회 구성원들의 CSR 활동에 대한 관심이 지속적으로 증가하는 추세에 있기 때문이다. 이와 함께 기존의 전통적 견해로는 이러한 구성원들의 요구를 받아들이는 데 한계가 있다는 인식에서 출발하였다.

즉 사회가 고도화됨에 따라, 그간의 CSR 활동 역시 그 양과 방식에 있어서 발전을 거듭하였다. 따라서 CSR 활동을 기업의 필수 경쟁력의 하나로 인식하는 견해와 특히 경기 불황, 기업 간 극심한 경쟁 속에서 기업을 지속가능하게 해주는 하나의 필수 활동이라고 보는 상당히 적극적인 시각으로 보는 흐름이 생겨났다.

3) CSR 경영에 대한 견해

4차 산업혁명 시대에 접어들면서 스마트 기업이나 기술력 있는 중소기업은 경쟁력을 높이는 좋은 기회가 찾아왔다고 할 수 있다. 그러나 대다수의 기업은 이윤 추구 과정에서 각종 사회 문제를 발생시키고, 환경 자원을 사용하여 제품을 생산하므로 공장에서는 불가피하게 온실가스를 배출하여 직간접적으로 환경과 사회에 영향을 주고 있다. 이에 따라 NGO(Non Government Organization) 환경 운동 단체, 인권 운동 단체, 부정부패 방지 운동 단체 등으로부터 CSR 경영을 요구 받아 왔다. 그리고 최근 지구 온난화, 이상 기온 및 집중 호우 등이 증가함에 따라 일반 국민들 또한 친환경 제품 제조 등 CSR 경영에 대해 많은 관심을 가지게 되었다.

CSR 경영은 정부 규제가 아니라 리스크 요인을 사전에 찾아내어 기회적인 요소로 만들고, 전략적으로 경영 활동에 반영하여 경쟁력을 강화하는 것으로 정리 할 수 있다.

캐롤(A. Carroll)은 "기업은 이익 창출을 위하여 사회적 자원을 사용하므로 사회로부터 얻은 이익의 일부를 사회에 환원해야 한다."고 주장하였다. 그리고 "기업의 사회적, 경제적, 윤리적, 재량적 책임으로 4가지 하위 차원을 가지고 있다."고 주장하여 "경제적 책임을 기본으로 법적 책임 위에 윤리적 책임이 있고 그 위에 재량적 책임이 있는 피라미드형 구조를 가지고 있다."고 하였다.

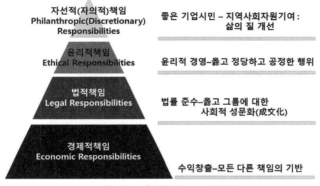

[그림 2-1] 캐롤의 CSR 피라미드

경제적 책임은 재화와 서비스의 효율적 생산을 위한 수익 창출, 법적 책임은 법적 의무의 준수, 윤리적 책임은 윤리적이고 공정한 활동, 자선적 책임은 기부나 자선 같은 사회 공헌 활동에 관한 책임으로, 기업은 이 네 가지 책임이 있다는 것이다.

포터(Michael E. Porter)는 "기업의 사회적 책임은 단순한 윤리적 책임이며 재량적 책임으로 한정되어서는 안 되며, 전략적인 관점에서 이해되어야 한다."고 주장하였다. 전략적인 관점에서 기업의 사회적 책임은 최근에 공유 가치 창출을 부여해 CSV(Creating Shared Value) 개념을 포함하여 이해되기도 한다.

프리드먼(Milton Friedman)은 "기업의 사회적 책임은 이익을 증가시킨다."고 주장하여 CSR 경영에 대한 필요성을 제시하고 있다.

CSR의 경제적 책임으로는 이익 창출, 투명한 윤리 경영, 지역 사회에 경제적 기여, 경영 혁신 등이 있다. 사회적 책임으로는 사회 공헌, 지역 사회 발전에 기여, 인권, 노동, 보건과 안전 등을 추구하여 행복한 세상을 함께 하는 경영하는 것으로 볼 수 있다. 그리고 환경적 책임으로는 설계 단계에서 폐기까지 친환경적인 제품 설계, 재활용 원료 사용, 청정 생산을 통한 온실가스 저감 등이 있다.

○ 경제적 책임

기업은 산업이 발달함에 따라 변화해 왔다. 과거 굴뚝 산업 시절에는 공급보다 수요가 많아 제품을 생산하는 데 급급하여 생산 중심 경영이 진행되었지만, 산업 발달에 따라 기계화되고, 기술 수준이 같아지면서 가격과 품질 경쟁으로 변화하였다. 그리고 소비자 욕구와 기대 수준이 높아지면서 서비스 경쟁에서 이익을 최적화하기 위해 끝없이 노력해 오고 있다.

기업은 지속적인 연구, 개발, 투자를 통해 기술 혁신으로 생활 수준을 향상시키기 위한 제품과 서비스를 제공하고 최대 경영 성과를 얻기 위해 노력하고 있다. 그리고 이를 위해 자원을 효율적으로 배분하여 경영 활동을 통한 지속적인 이익 창출로 주주 가치를 극대화하고 있다. 또한, 종업원, 고객, 협력 업체, 지역 사회, 국가 등 이해관계자에게 경제적 혜택과 복지를 제공하는 일련의 역할을 담당하였다. 기업의 경제적 책임은 기업의 본질이며 기업이 생존하는 데 필수 요소로 발전하고 있다.

기업은 경제적 활동으로 이익이 발생해야 생존할 수 있다. 경제적 활동이 없다면 경쟁 시장에서 생존하기 어려운 환경에 처하여 궁극적으로는 도태된다. 따라서 기업은 무엇보다 경제적 경영 활동에 의한 이윤 추구를 가장 큰 목표로 삼고 있는 것이다.

프리드먼(1970)은 "기업의 가장 큰 역할은 사업을 통해 이익을 남기는 것이다. 이를 통해 투자자들에게 부를 분배하는 것이다."라고 주장하였다.

이처럼 기업은 경제적 책임으로 가장 우선적인 것이 이윤 추구라고 주장하고 있다.

Milton Friedman
시카고대학교수
노벨 경제학 수상자

" The social responsibility of business is to increase its Profits"

○ 사회적 책임

사회적 책임은 기업 스스로 노력하여 얻는 이익의 일부를 다양한 방법으로 사회에 환원해야 한다는 당위성에서 시작한다. 1953년 경제학자 보웬(Bowen)은 『기업가의 사회적 책임(Social Responsibility of the Businessman)』이라는 저서에서, 기업의 사회적 책임이란 '기업가에게 주어진 사회 전체의 목적, 가치에 알맞게 자신들의 정책을 추구하고 의사 결정을 통해 바람직한 방향으로 행동을 옮기는 의무'라고 정의하였다.

1984년 드러커(Peter F. Drucker)는 "기업은 이익만 추구하는 조직이 아니며, 기업의 행위는 개인을 평가하는 것처럼 윤리적인 측면에 따라 평가된다."고 하여 사회적 책임을 정당화하였다. 기업이 이해관계자와 균형을 유지하면서 이익의 일부를 사회에 환원해야 한다는 요구가 높아지고 있고, 경제적 책임만이 아니라 사회적 책임까지 소비자가 요구하는 시대로 확산하고 있다. 따라서 기업은 사회적 책임을 핵심사업 특성에 적합하게 사업 계획에 반영하여 중장기적으로 전략적 CSR 경영을 할 필요가 있게 된 것이다.

○ 환경적 책임

국제적으로 산업이 발달함에 따라 온실가스가 증가하고 이상 기후 때문에 집중 호우가 발생하여 인명 피해가 발생하고 있으며, 생태계 교란으로 환경에 대한 심각성이 커지고 있다. 따라서 세계적으로는 환경 보호주의를 선택하고 있으며, 수출하는 데 있어 자국의 환경 관련 인증을 요구하는 등 환경 규제를 강화하고 있는 경향을 보이고 있다.

김병도와 문정은(2006)은 '환경에 대한 기업의 입장을 검토하고 개선하기 위한 방침이나 전략의 개발, 실행 그리고 지속적인 개선이나 효과적인 관리를 위한 환경적 대응'을 환경 경영이라고 하였다.

ISO 14001의 환경 경영 시스템은 1996년 시작하여 환경 관리에 대한 기준을 정립하는 계기를 만들게 되었다. 그리고 현재 ISO 14001(2015)로 개정되어 기업의 환경 영향 평가를 통해 오염원을 발굴하고 개선 계획을 수립하여 단계적으로 실행하도록 함으로써 환경 산업의 발전에 이바지하고 있는 국제 표준이 되었다.

최근에는 ISO 50001(2011) 에너지 경영 시스템 인증을 통해 프로세스를 구축하고 관리를 강화하고자 대기업을 중심으로 확산되고 있다. 환경에 대한 사회적 책임은 인간의 건강과 행복으로 연결되어 무엇보다 우선적으로 관리되어야 하며, 환경 파괴로부터 예상되는 재앙이 없도록 환경적 책임이 중요하다고 생각하고 있다.

배현미(2007)는 "미래 세대를 위하여 환경을 지속가능하게 해야 한다."고 주장하였다. 이처럼 환경적 책임은 인간이 더 나은 생활 환경을 만들기 위하여 환경에 미치는 영향을 최소화하는 데 중요한 것이다.

2. CSR 경영의 등장 배경

      1950년대 산업 초기에는 농업, 임업, 어업을 중심으로 발달하였다. 그리고 1960년대에는 석유, 시멘트, 비료를 중심으로 발달하였고, 1970년대에는 섬유 화학, 조선, 전자, 제철을 중심으로 발달하였다. 1980년대에는 정밀 기계, 자동차 산업이 발달하였고, 1990년대에는 컴퓨터, 반도체, 정보 통신 기술이 발달하였다. 그리고 2000년대에 들어서서는 첨단 산업이 발달하였다.

  1950년대 농업 중심 시장 구조에는 공급이 적고 수요가 많아 경제적 책임에 치중하여 기업 경영이 진행되었으며, 2000년대에 접어들면서 ISO 26000이 2010년 11월 국제 표준 기구로 발표되면서 본격적인 CSR 경영 활동이 진행되기 시작하였다.

  현대 사회는 지구 온난화 등으로 환경 보호에 대한 필요성이 커지고 있다. 그리고 환경에 대한 다양한 이해관계자들의 불신은 SNS를 통해 전 세계적으로 급속하게 확산되어 불매 운동 등으로 기업의 생존에 직간접적으로 영향을 주고 있다. 따라서 다양한 이해관계자의 리스크 요인을 찾아 글로벌 경쟁 시대에 기회 요인으로 전략적 CSR 경영을 위해 사회적 책임 활동이 필요하게 된 것이다. 가장 큰 요인은 대기업과 다국적 기업의 직간접적인 압력으로 공급 업체 중심으로 Supply Chain CSR 경영이 빠르게 전파되고 있는 것으로 밝혀지고 있다

  최근 이해관계자의 중요성이 부각되면서 기업에 대한 사회적 책임에 대한 필요성이 증가하고 있다. 사회적 책임 활동을 실천하는 기업과 이해관계자의 기대치 간에 갭이 발생하면서 환경단체인 NGO 등 이해관계자와의

갈등으로 사회적, 환경적 문제가 [그림 2-2]와 같이 대두되고 있다.

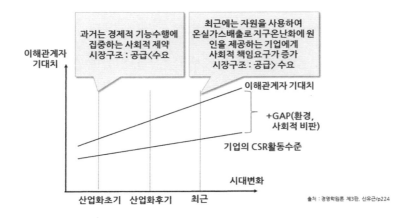

[그림 2-2] 시대에 따른 기업의 CSR 활동수준과 이해관계자의 기대치

    대기업과 다국적 기업이 협력 업체와의 사회적 책임 문제로 소비자의 불매 운동과 기업 이미지가 추락하는 사태가 발생하기도 한다. 사전에 리스크 요인을 모니터링하여 이슈 과제를 선정하고 지속적인 개선을 통해 지속 가능한 기업으로의 성장을 하는 전략적 CSR 경영이 [그림 2-3]과 같이 단계적으로 발전하게 되었다.

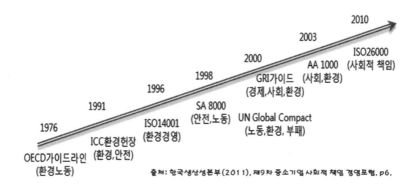

[그림 2-3] CSR 경영의 발전단계

CSR의 활동 변화는 ISO 26000(2010)을 기반으로 기업의 사회적 책임이 포괄적인 측면에서는 좋은 일을 하는 것으로 나타났다. 그런데 기업의 이익 극대화의 측면에서 보면 제한적 예산 범위 내에서 활동하는 문제점이 발생하게 되었다. 사회적 책임의 당위성을 포괄적으로 제시하는 것으로, 포터(Michael E. Porter) 교수는 '가난한 농부의 빈곤을 일시적으로 해결하는 CSR'로 좁은 의미를 부여하였다.

CSR 활동으로, 가난한 농부가 재배한 농작물에 제값을 쳐주는 것은 빈곤을 해결하는 선행이라는 의미를 가지지만, 이는 현재의 파이를 재분배하는 것에서 그친다는 한계가 있다. 반면, 포터(Porter)는 처음부터 경제적 가치와 사회적 가치를 고려하여 농법을 개선하고 농부를 위한 지역 협력과 지원 체계를 구축하는 방법으로 접근하여, 농부들이 더 효율적이고 지속가능한 방법으로 작물을 재배하여 수확량과 품질을 개선하도록 도우면서 농가 소득에도 보탬이 되는 CSV(Creating Shared Value, 공유 가치 창출)를 주장하였다. 즉 '비즈니스 목표 기반으로 기업의 공유 가치 창출을 통해 이윤 극대화가 필요하다.'고 주장하였다.

최근에는 CSO(Corporate Social Opportunity, 기업의 사회적 기회), 즉 '전략적 CSR 경영을 위하여 이해관계자 모니터링을 통해 계획적인 예산 투입으로 경제적 수익 극대화를 주장하고 있다. 네슬레(Nestle)는 '브라질에서 농장에 자금과 기술을 무료 제공하여 기회적으로 이윤을 극대화'함으로 동반 성장에 도움이 되었다

ISO 26000(2010) 기반에서 학자에 따라서는 CSR은 좋은 일을 하는 것으로 포괄적인 의견을 제시하고 있으며, '이윤 극대화에 연관성이 낮아 비즈니스 목표 기반에서 공유 가치 창출을 위해 CSV 활동이 필요하다.'고 주장하는 학자도 있다. 또한, '기업의 핵심사업과 핵심 이해관계자 중심으

로 사회적 책임을 통해 전략적인 CSR 경영 방안으로 이윤 극대화를 위한 CSO 활동이 필요하다.'고 주장하기도 한다.

3. 기업의 외부 환경과 CSR 트렌드의 변화

1) 기업의 외부 환경

기업의 경영 환경은 날로 다양하고 급격하게 변화하고 있다. 산업화, 정보화 시대에 살던 우리는 이제 4차 산업혁명 시대를 맞이하였다. 정보 통신 기술이 융합된 인공 지능(AI), 가상 현실(VR), 증강 현실(AR), 빅 데이터를 활용한 기업 경영 활동의 혁신이 이루어지고 있다. 그리고 제조 현장에서는 정보 통신 기술이 접목된 스마트 팩토리 구축을 통해 생산 시스템의 대변혁이 활발히 이루어지고 있다.

최근 코로나 바이러스 감염증(COVID-19)의 영향으로 경영 활동의 위축, 비대면 생활 패턴의 확산, 소비 행태의 변화, 직장에서의 유연 근무제 확산 등 다양하게 환경이 변화하고 있다. 기존의 일상적인 패턴에서 새로운 생활 패턴으로 자리잡아 가고 있는 실정이다.

이러한 변화 속에서 CSR은 기업에 어떤 필요성과 가치를 부여할 수 있을지에 대한 답변을 명확히 하기는 쉽지 않다.

2010년 11월에는 CSR 국제 표준인 ISO 26000이 제정 및 공표되었으며, 이를 계기로 CSR이 선택이 아닌 필수적인 기업의 활동으로 부각되기 시작하였다. 최근에는 CSR이 지역 사회와 연계하여 경제적, 사회적 가치를 창출하고 사회적 문제 해결에 기여한다는 측면에서 비즈니스 목표기반의 이윤 극대화를 위해 CSV로 확대되고 있다.

1953년 보웬(Bowen)은 『Social Responsibilities of the Businessman』이라는 저서에서 "기업은 사회의 목표 또는 가치 관점에서 바람직한 정책

을 추구하는 것이 책임이다."라고 주장한 이래로, 이제는 기업의 책임만을 강조하는 것이 아니라 '기업이 사회적 경제적 가치를 창출해 가느냐?'로 변화해 가고 있는 것이다.

CSV는 CSR이 발전된 형태로, 기존의 CSR은 제한적인 예산으로 행해지는 사회적 책임으로 이윤창출에 소극적인 측면이 있으나, CSV는 비즈니스 기반의 목표에 따라 이윤 극대화에 관점이 있어 기업의 발전과 지속가능 경영에 발전적인 방향을 제시하는 데 차이가 있다. 이런 면에서 기업이 CSR과 CSV를 어떠한 관점에서 볼 것인가는 [표 2-1]과 같다.

[표 2-1] CSR과 CSV의 차이점

CSR	관점	CSV
선행(좋은 일)	기본 인식	비용 대비 경제 이득과 사회 이득의 가치
자율 판단, 제한적인 예산 활동	자율성	경쟁과 관계
이윤 극대화 낮음	이익	이윤 극대화
자선 활동	활동 결과	기업과 공동체의 가치 창출
공정 무역 거래	사례	농법 개선, 지원 체계 구축

(출처: Porter & Kramer(2011), Creating Shared Value: How to reinvent capitalism—윤각, 이은주. 기업의 사회적 책임(CSR)과 공유가치 창출(CSV)의 효과에 관한 연구(2014)

기업이 자선 활동이나 봉사 활동과 같은 사회적 책임 활동에서 이제는 기업과 소비자, 이해관계자가 함께 가치를 만들어가는 공유 가치 창출(CSV)로 점차 변화해 가고 있다.

2) CSR 트렌드의 변화

　　　　　CSR 경영을 위해 최근 주목해야 할 3가지 주요 트렌드는 다음과 같다.

첫째, CSR이 사회적 가치라는 키워드에 중점을 두고 있다는 것이다. 현 정부의 국정 과제에서 언급된 사회적 가치, 상생, 지배 구조 개선, 사회 책임 투자(SRI: Social Responsibility Investment) 확산 등을 핵심 과제로 하고 있기 때문이다. 물론 중소기업에 직접적으로 연관성이 낮은 부분도 있으나 점진적으로 이에 대응하기 위한 CSR 경영이 요구되고 있다.

둘째, 정부나 시장 부문이 아닌 제3섹터를 주목하라는 것이다. 제3섹터란 비영리 단체(NGO, NPO), 사회 복지 법인, 사회적 기업, 협동 조합, 자원 봉사 단체 등 공익 활동을 목적으로 하는 법인을 말한다. 제3섹터를 주요 이해관계자로 인식하고 제3섹터와 연계한 프로젝트와 파트너십을 간소화하는 전략 마련이 필요하다.

1980년대 이후부터 정부기관, 민간 영리기관(기업)도 아닌 단체들에 대한 관심이 생겨났고, 이 기관들을 지칭하는 보편적인 명칭을 '제 3섹터'라고 한다.

[그림 2-4] 제3섹터의 개념(출처: 대한상의 브리프 제62호, 2018. 04)

셋째, 밀레니얼(Millennials) 세대의 등장을 들 수 있다. 밀레니얼 세대는 1980년대 초반부터 2000년대 초반 사이에 출생한 세대를 가리키는 말로,

정보 기술(IT)에 능통하며 대학 진학률이 높다는 특징이 있다. 반면 이들은 2008년 글로벌 금융 위기 이후 사회에 진출해 고용 감소, 일자리의 질 저하 등의 어려움을 겪은 세대이기도 하다.

미국의 경제 잡지 포브스(Forbes)지에서는 소비자들의 사회적 책임에 관한 의식 조사 결과 밀레니얼 소비자의 91%가 '기존 구매 제품보다 사회적 책임 기업의 제품을 구매하겠다.'고 주장하였다. 이와 같이 사회적 책임 기업에 대한 긍정적인 소비자 구매 의도가 개념 있는 소비로 빠르게 확산되고 있으며, 소비 트렌드 중 하나는 가치 소비로 환경 쓰레기를 줄이는 방향으로 소비 패턴이 변화되고 있다는 것이다.

최근에는 환경 보호에 관심이 높아지면서 '일회용품 아웃'이라는 구호가 전파되고 있으며, 지구 온난화 및 이상 기후로 친환경 제품의 중요성이 더욱 높아지고 있다. 최근 소비자들은 다소 높은 가격을 지불해도 의미 있는 소비를 원하고 있으며, 착한 소비로 번지고 있다. 착한 소비란 제품 생산 과정에서 환경을 오염시키지 않는지, 안전성이 확보되는 제품을 제조하고 있는지 모니터링하면서, 환경과 사회에 미치는 영향까지 충분히 고려해 상품이나 서비스를 구매하는 현상을 말한다. 이는 밀레니얼 세대가 디지털 환경을 통해 소비를 주도하는 것이 특징이다.

2000년대 이후 제품 중심 소비에서 고객 중심 소비로 트렌드가 변화되고 있으며, 친환경 제품과 웰빙(well-being) 제품이 중심적 소비 트렌드로 자리 잡고 있어, 숭실대 안승호 교수는 '기업이 소비자들의 소비 습관에 맞추어 밀레니얼 세대를 위해 CSR 경영이 필요하다.'고 주장하였다.

4. CSR 경영에 대한 관점

1) CSR 경영에 대한 긍정론

기업의 사회적 책임은 대기업에 부품을 공급하는 중소기업인 약자를 보호하는 정책으로, 착한 기업으로 긍정적으로 보는 시각이 있다. 또한, 중소기업의 사회적 책임을 통해 홍보·마케팅과 연결되어 기업 이미지 및 브랜드 가치를 향상시키는 요인으로 보는 시각이 있다.

기업의 사회적 책임은 사전에 이해관계자의 모니터링 및 지속적인 개선을 통해 지속가능한 기업으로 발전시키는 데 있다. 글로벌 시장이 개방되면서 생존하기 위해 생산 기지와 판매 시장에 대한 문화적인 이질감을 줄이고, 거부감을 해소하기 위하여 사회적 책임이 불가피하다고 생각하는 기업이 증가하고 있다. 이는 기업의 사회적 책임에 대하여 긍정적으로 보는 시각에 따른 것이다.

해외 경제 활동의 비중이 높은 글로벌 기업들은 이해관계자들의 상대적 박탈감을 달래기 위해 사회적 책임을 필요로 하고 있다. 특히 우리나라와 같은 경영 환경에서는 기업의 사회적 책임에 대한 요구가 강하다고 볼 수 있다. 그리고 전략적 CSR 경영을 통해 리스크 요인을 기회적으로 경영 활동에 반영하여 기업의 재무 성과에 긍정적인 효과를 얻고 있는 것으로 밝혀지고 있다.

맥과이어(McGuire, 1963)는 "기업은 경제적, 법적 의무뿐만 아니라 사회 전반에 대한 사회적 책임 의무가 있다."고 주장하였다. 즉, 과거 굴뚝 산업에서는 경제적 책임을 우선하였지만, 소비자의 소득 수준이 높아지면서 개인의 건강을 생각하여 친환경 제품을 선호하고 있다. 그리고 기업의 사회 및 환경에 대한 책임을 요구하는 사회적인 환경으로 변화하고 있다.

2) CSR 경영에 대한 부정론

기업의 사회적 책임에 대한 부정적인 의견도 있다. 기업은 이익을 내는 본업에 충실해야 하는데, 사회 전반에 신경 쓰는 것은 그만큼 다른 비용이 증가하여 주주들에게 돌아갈 혜택이 감소하게 되고, 이런 비용은 생산 제품에 반영되어 고객에게 전가되는 문제로 경쟁력 상실 때문에 최종적으로 고용 창출이 어려워진다는 것이다. 따라서 프리드먼 (Milton Friedman, 1970)은 "기업은 경제적 성과만 내면 된다. 기업은 주주들에게 이익 보장을 위하여 도덕적 책임을 가지고 노력해야 한다. 따라서 기부 행위를 금해야 하며, 사회 요구가 높아지면 세금을 더 내면 된다."고 주장하였다.

이처럼 기업의 사회적 책임에 대한 부정론을 요약해 보면 다음과 같다.

첫째, 기업의 사회적 책임은 기업의 이윤 극대화 및 주주의 투자 수익 제고에 별다른 효과가 없다는 것이다. 그리고 사회적 책임 활동을 하기 위해 외부 활동이 많아지며 근무 이탈이 증가함에 따라 작업에 차질이 발생하게 되고, 업무에 대한 몰입이 감소하여 비효율을 초래한다는 것이다. 이는 생산성 저하 요인으로 작용하여 이윤을 극대화하는 데 손실을 준다고 생각하는 것이다.

둘째, 기업의 사회적 책임은 기업이 글로벌 시장에서 경제적 책임을 다하는 데 장애가 된다는 것이다. 즉, 기업은 시장에서 치열한 경쟁을 통해 생존해야 하는데 경제적 책임에도 중소기업은 어려움을 호소하고 있다. 기업이 성장해야 직원에게 급여를 줄 수 있고, 근로 복지 향상에 이바지하게 된다. 그런데 기업의 경쟁력이 약화되면 경제적 책임도 위태로워질 수 있어 사회적 책임 활동을 경영 활동의 장애로 생각하는 것이다.

셋째, 경쟁력 상실 때문에 고용 창출에 장애가 된다는 것이다. 기업은 이윤 극대화를 통해 주주의 만족이 진행되어야 투자가 활성화되고 고용이 창출된다. 그런데 기업이 사회적 책임 활동으로 기부 행위, 물적 지원, 기능 기부 등에 따른 이익이 감소함에 따라 경쟁력이 상실되어 투자 감소로 연결되어 고용 창출에 장애가 된다는 것이다.

넷째, 기업의 사회적 책임은 소비자에게 긍정적인 기업 이미지를 주고 있으나, 실제 구매에 미치는 영향은 낮다는 것이다. 사회적 책임 활동은 소비자에게 긍정적인 기업 이미지를 줄 수는 있다. 그러나 기업의 사회적 책임에 대한 당위성을 제공할 뿐 사회적 책임 수행에 따른 세금 감면, 매출 증대 등의 객관적인 결과가 아직 없다. 따라서 기업의 경쟁력과 실제 경영 성과로 증명할 수 없다는 것이다.

5. 중소기업의 CSR 경영의 필요성

1) CSR 경영의 필요성

○ CSR 경영의 3대 효과

중소기업도 CSR 경영을 염두에 두지 않을 수 없는 시대가 다가왔다. 기업이 사회를 이끌어가는 주요 구성원으로서 책임감을 갖고 사회에 기여해야 지속적 영업 활동이 가능한 시대인 것이다.

중소기업의 CSR 경영은 중장기적으로 긍정적인 효과를 가져 오게 된다. 그동안 밝혀진 CSR 경영 효과는 크게 세 가지로 볼 수 있다.

첫째, 기업의 리스크를 관리하고 지속가능성을 높일 수 있다는 점이다. 법규 위반, 환경 오염, 불공정 거래, 안전하지 못한 작업 환경, 인권 침해 등 기업 경영에 악영향을 미치는 다양한 위험 요인을 미리 파악하고 체계적으로 관리할 수 있기 때문이다. 중대한 CSR 위반 사항이 언론 등에 노출되었을 때 매출 하락과 기업 이미지 추락으로 위험에 도달할 수 있다. 따라서 리스크 요인을 사전에 발견하여 개선함으로써 경쟁력을 확보하는 것이 필요한 것이다.

둘째, 기업의 브랜드 가치 제고이다. 투자자, 소비자, 고객사 등 외부 이해관계자들이 기업에 대해 갖는 이미지 및 브랜드 가치 측면에서 CSR 활동은 긍정적인 영향을 준다. 2014년 대한 상공 회의소 조사에 따르면 중국에 진출한 한국 기업들이 CSR 활동을 통해 '기업 이미지 및 브랜드 가치 제고(51.2%)'의 경영 효과를 누린 것으로 조사되었다.

셋째, 무엇보다 기업의 CSR 활동이 내부적인 비용 절감뿐 아니라 외부의 매출 증대와 연결되면서 기업의 이윤을 증가시키는 효과도 가져온다. 1972년부터 2007년까지 35년간 기업의 CSR 활동 관련 연구에 대한 메타 분석 결과, 기업의 CSR 활동과 재무적 성과 간에 상관 관계가 중장기적으로 존재하는 것으로 입증되었다. CSR 활동의 긍정적인 효과에 대한 사례는 많이 있다. 앞에서 서술한 바와 같이 탐스슈즈는 신발 1켤레를 구매하면 빈민국의 아이에게 신발 1켤레를 기증하는 '원 포 원(One for One)' 마케팅을 통해 설립 3년 만에 매출이 40배나 늘어났다.

○ CSR 경영의 필요성

CSR은 윤리적 혹은 도덕적 책임이라는 의미로 사용될 뿐, 법적 책임과 이행 강제력은 크게 존재하지 않았다. 하지만 최근에는 CSR을 윤리적 책임인 동시에 소비자, 노동자, 국가 사회 복지, 환경과 공해 방지, 지역 사회 등의 다양한 이익을 충족하도록 하는 책임으로 확대되고 있다. 뿐만 아니라 기업을 평가하는 글로벌 기준이 증가하고 있는 실정이다. 이러한 압력 외에도 CSR을 기업의 전략 수단으로 활용하는 기업들이 나타나고 있다.

[그림 2-5] CSR 추진 필요성(출처: 중소 벤처24 CSR 사회적 책임 경영)

○ 기업을 평가하는 새로운 글로벌(Global) 기준

2010년 국제 표준화 기구(ISO)가 공표한 ISO 26000은 CSR에 대한 표준 가이드라인이다. 많은 전문가들은 이것이 국제적인 규약으로 발전하여 해외 무역에서 비관세 무역 장벽으로 작용할 것으로 전망하고 있다. 그리고 국제적인 규약과 각종 사회적 책임 경영 가이드라인이 증가하는 추세이다.

지속가능 경영보고서(SR: Sustainability Report)는 영업 실적 이외의 위험과 성과를 판단할 수 있는 자료로 활용되어 투자자의 투자 의사 결정 지표로 활용되고 있다.

UN은 글로벌 콤팩트(UNGC: UN Global Compact)를 제정하여 기업들이 인권, 노동, 환경, 반부패 영역 등에서 10개의 원칙을 준수하고 실천하도록 권고하는 등 기업의 공적 책임(Public Accountability)과 투명성 강화를 촉구하고 있다. 또한, 사회적 책임 투자 원칙(SRI)을 제정(2006년 4월)하여 각국 정부 및 금융 기관의 연기금 운용 시 CSR 활동에 충실한 기업을 선별하여 투자할 것을 권고하고 있다.

OECD는 '다국적 기업에 대한 OECD 가이드라인(OECD: Guidelines for Multinational Enterprises)'을 제정(2000년 개정)하여 환경, 고용, 반부패, 소비자 권익, 정보 공개 등에 대한 기업 행동 원칙을 제시하고 동 원칙의 준수를 권고하고 있다. 또한, '국제 거래 시 외국 공무원의 뇌물 방지 협약', '기업 지배 구조에 관한 원칙'의 제정(1999년 제정, 2004년 개정) 등 기업 활동 관련 규범을 지속적으로 제정하고 있다.

○ 기업의 전략 수단

　다양한 사회 활동을 통해 소비자들에게 인식된 기업의 평판은 소비자의 구매 결정에 중요한 판단 기준이 될 수 있다. 즉, 기업의 사회적 책임이 소비자의 기업이나 브랜드에 대한 구매 의도나 구매 태도에 영향을 미치고 있다. 기업이 윤리적이고 정직하며 환경 친화적인지 혹은 소비자의 요구에 잘 반응하는지에 대한 소비자의 인식이 CSR을 잘 이용하는 기업에게는 강력한 경쟁력이 된다. 반면, 상업적인 이익만을 추구하여 이를 무시하는 기업에게는 약점으로 작용하게 된다.

　기업 혹은 사회 단체들은 기업의 이익금, 금융 자산, 보유 인력, 시설, 장비 등을 활용하여 공익적 목적의 사업을 지원 또는 후원한다. 그리고 이를 통해 기업의 이미지 제고, 고객 충성도 향상 등의 효과를 얻는 공익 연계 마케팅 활동도 점차 증가하고 있다.

　착한 기업이 돈도 잘 버는 시대이다. 사람들에게 편안하고 쾌적한 환경을 제공하는 기업, 친환경적이고 '가성비(가격 대비 성능)' 좋은 제품을 공급하는 기업, 건강에 좋은 식품을 공급하는 기업들은 수익도 많이 낸다. 반대로 가습기 살균제 사건에서 보듯, 단기적 이익에 눈이 멀어 소비자를 속이고 해를 끼친 기업은 소비자들의 불매 운동으로 이어져 기업 이미지 및 매출 하락으로 경영에 어려움을 겪고 있기도 하다.

　CSR 경영이 그 어느 때보다 더 중요해지는 시대이다. CSR은 기업의 이익을 확대하고 기업의 이해관계자가 기대하는 것에 부응하기 위해, 그리고 사회를 위해 노력하는 것을 말한다. 즉, 사회를 이끌어 가는 주요 구성원으로 책임감을 갖고 사회에 기여하는 모든 활동이다. 따라서 기업은 CSR 경영을 전략적으로 이끌어 나가야 할 것이다.

2) 국내외 규범 강화

중소기업은 이윤 추구 과정에서 각종 사회, 환경적 문제를 야기시키고 있어 중소기업에 있어서 기업의 사회적 책임이 선택이 아닌 필수적인 것으로 그 당위성이 높아지고 있다. CSR 전문가인 오스트리아의 노이라이트(Martin Neureiter) 교수는 "CSR을 비용으로 생각하지 말고 투자로 생각해야 한다."고 지적하였다. 그러면서 "단기적으로 비용을 줄이고 이익만 추구하게 되면 5~10년 후에는 피해가 올 수 있다."고 주장하였다. 그리고 "한국은 CSR 추진이 더디고 발전이 없다."고 지적하였다.

최근 소비 시장에서 불리고 있는 소셜 슈머(Socialsumer)는 사회(Social)와 소비자(Consumer)의 합성어로, 소비자 개인의 만족이 아니라 사회 전체의 혜택을 위해 의견을 개진하고 관철시키는 사회 활동가로서의 소비자를 가리킨다. 최근 기업의 사회적 책임에 대한 개념이 발전하여 기업과 사회 모두의 가치를 증대하자는 공유 가치 창출(CSV) 개념이 등장하며 주목받는 현상과 맥을 같이 한다. 이들처럼 제품에 담긴 사회적 가치를 보고 소비를 하는 사람이 증가하고 있다. 그리고 사회적 책임 투자(Socially Responsible Investment)로 투자 대상 기업을 결정할 때 재무 요소 외에도 사회·환경적인 요소를 감안하여 주식 가치를 평가하는 시대로 변화되고 있다. 중소기업도 CSR 경영을 회피할 수 없는 시대로 접어들고 있는 것이다.(Energy & Environment New, 2011.01.31.)

또한, 수출 기업은 다국적 기업으로부터 CSR 경영 정보를 요청하거나 제도적으로 의무화하는 등 무역 장벽으로 작용하고 있어 CSR 경영은 중소기업도 피할 수 없는 경쟁 구조로 가고 있다. 내부 시장은 공급받는 협력 기업이 문제가 되면 수급 받는 기업까지 시장에서 위험할 수 있어 공급망(Supply Chain) CSR을 요구하고 있는 실정이다. SA8000(Social Accountability)은 민간 차원에서 근로자 인권과 근로 조건을 개선하기 위한 윤리와 사회적 책임 경영 분야에서 국제 표준이다. 그리고 국제노동기구(ILO), UN 인권 선언, UN 아동 권리 헌장 선언 등 노동 조건과 인권을 존중하는 공급망 CSR 기업에 인증하는 제도로, 다국적 기업이 중소 기업에게 요구하고 있다.

EICC(Electronic Industry Citizenship Coalition)는 전자 산업 전반에 걸쳐 안전한 작업 환경을 구축하고 근로자가 존중받는 동시에 친환경적이고 윤리적인 기업 운영을 지정한 표준이다. 참여 기업은 최소 1차 협력 기업까지 본 규범을 수용하고 이행하도록 규정하고 있다. 유럽 연합(EU) 환경 규제인 RoHS(Restriction of Hazardous Substance)는 전기 및 전자 장비에 특정 유해 물질 사용에 관한 지침으로 납, 수은 등을 생산하는 부품에 대하여 사용 제한을 하고 있다. WEEE(Waste Electrical and Electronic Equipment)는 폐전기, 전자 제품 의무 재활용에 관한 규제로 EU 내 유통되는 가전 제품에 대하여 관리하고 있다. 2006년 7월부터 유럽에 전자 제품을 수출하는 기업은 반드시 준수해야 하는 제도이며, 재활용 비용을 생산자가 부담하는 제도이다.

위와 같이 각종 규제가 강화되고 있어 중소기업들이 순간을 모면하여 회피할 수 있는 시대는 지나갔다. 따라서 CSR 경영을 단계적으로 도입하여 위험으로부터 벗어나 지속가능한 중소기업으로의 발전이 필요한 환경임을 하루 빨리 인식해야 한다. 그리고 다국적 기업은 94.2%가 CSR 경영을 평가하여 공급 업체를 선정하거나, 배제하고 있어 CSR 도입은 선택적이 아니라 필수적이라고 할 수 있다. (중소기업 CSR전략적 경영, 2019. 8. 22. 교재, 한국경영기술지도사회)

3) 공급망 CSR 평가 강화

　　　　　다국적 기업은 물론 국내 대기업부터 중소기업에 이르기까지 기업의 사회적 책임이 뜨거운 감자로 부각되고 있다. 이에 따라 기업과 학계 등에서 CSR 이행을 위한 다양한 실행 방안을 활발히 논의하고 있다.

　하지만 기업 규모와 영향력이 과거의 국가 수준으로 확대됨에 따라 문제가 발생했다. 아웃소싱이 증가하고 구매 품목이 다양해졌으며 공급 시장이 복잡해진 것이다. 이 때문에 자사에 국한된 CSR 노력은 한계를 드러낸 상황이다.

　실제로 공급망(Supply Chain) CSR 관리 부실로 유·무형적 손실을 입은 사례가 증가함에 따라 기업들의 적극적인 대응이 요구되고 있다. 공급망 CSR은 글로벌 대기업이 협력사 측에 자사와 같은 수준의 CSR 경영 기준을 준수할 것을 촉구한다는 의미이다.

　국내 대기업은 협력 기업으로부터 부품을 공급받아 조립하여 생산하는 공급 사슬로 되어 있다. 협력 업체가 경제적, 환경적, 사회적으로 문제가 될 경우 결국 모기업으로 문제가 연결되므로 Supply Chain CSR 경영을 요구하고 있다. 자체 개발한 CSR 체크 시트를 통해 1차적으로 협력 기업을 평가하고, 2차적으로 모기업이 현장 검증을 통해 평가하는 방식으로 CSR 경영에 대한 위협 요인을 모니터링 한다. 정기적인 평가 점수를 통해 거래 유지 또는 거래를 배제하는 등 협력 업체와 상생 경영을 위하여 공급망 CSR이 필요하게 되었다.

　2014년 애플의 아이폰과 아이패드를 생산하는 대만 팍스콘사 공장에서 노동자를 혹사시켜 언론에 보도되었다. 이에 다급해진 애플은 아시아 전역에 Supply Chain CSR 경영을 확대하여 실행한 사례가 있다.

이와 같이 국내 대기업도 위험으로부터 보호하기 위해 Supply Chain CSR 경영을 통해 법률준수 및 다양해진 이해관계자를 모니터링하고, 이슈 과제를 도출하여 [그림 2-6]과 같이 지속적인 개선을 통한 지속가능 기업으로의 성장을 모색하고 있다.

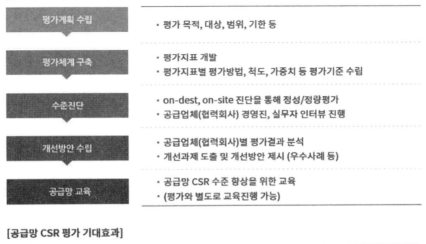

[공급망 CSR 평가 프로세스]

평가계획 수립	· 평가 목적, 대상, 범위, 기한 등
평가체계 구축	· 평가지표 개발 · 평가지표별 평가방법, 척도, 가중치 등 평가기준 수립
수준진단	· on-dest, on-site 진단을 통해 정성/정량평가 · 공급업체(협력회사) 경영진, 실무자 인터뷰 진행
개선방안 수립	· 공급업체(협력회사)별 평가결과 분석 · 개선과제 도출 및 개선방안 제시 (우수사례 등)
공급망 교육	· 공급망 CSR 수준 향상을 위한 교육 · (평가와 별도로 교육진행 가능)

[공급망 CSR 평가 기대효과]

| 공급망 CSR 수준 확인 | 공급망 CSR 역량 제고 | 공급망 리스크 관리역량 강화 |

[그림 2-6] 공급망 CSR 평가 프로세스 및 기대효과(출처: 한국생산성본부)

3.
CSR의 국제 규범 및 사례

1. CSR의 국제 규범

사회적 책임(SR)은 기업뿐 아니라 정부, NGO, 노동 조합, 비영리 단체 등 사회와 환경에 영향을 주고 있는 조직에게 넓게 적용되는 것이다. 이는 국제 규범으로 다음과 같이 ISO 26000(2010), GRI(Global Reporting Initiative) 가이드라인, EICC(Electronic Industry Citizenship Coalition), SA8000(Social Accountability) 등이 있다.

그 외로 ISO 26000은 인증이 아닌 포괄적인 가이드라인을 제공하는 표준이며, GRI Guideline은 국제 비영리 기구로 세계에서 가장 널리 사용되는 지속가능 경영보고서 작성에 대한 가이드라인으로, GRI 지침이 발표되었다.

1) ISO 26000 국제 표준

ISO 26000은 사회적 책임에 대한 가이드라인을 제시하는 국제 표준으로 개발하여 2010년 10월 발표한 것이다. 앞서 언급했듯 ISO 26000은 인증이 아닌 포괄적인 가이드라인을 제공하는 표준으로 국제 표준화 기구가 제정한 사회적 책임 가이드라인이다. 기업이 다양한 조직을 대상으로 지배 구조, 지역 사회, 공정 운영, 소비자, 환경, 노동, 인권의 7대 분야에 대하여 지침을 제공한 국제 표준이다.

2) UN Global Compact 10대 원칙

　　　　　　UN 글로벌 콤팩트(UNGC: UN Global Compact)는 1999년 UN 전 사무총장인 코피 아난(Kofi Annan)의 제안으로 2000년 7월 만들어진 자발적인 기업 시민을 위한 이니셔티브이다. 코피 아난 총장은 1999년 1월 31일 스위스 다보스에서 열린 세계 경제 포럼(WEF)에서 사회 윤리와 국제 환경 개선을 위한 UN 글로벌 콤팩트에 동참을 권장하였다. 이후 2000년 7월 26일 유엔 본부에서 UN 글로벌 콤팩트 창설 회의가 개최되었다. UN 글로벌 콤팩트는 인권, 노동, 환경과 반부패 분야에서의 10대 원칙을 제공하여 사회적 합리성에 기반 한 지속가능하고 통합적인 세계 경제를 실현하는 것을 추구하고 있다. 10대 원칙은 다음과 같다.

인권(Human Rights)

[원칙 1] 기업은 국제적으로 선언된 인권 보호를 지지하고 존중해야 한다.

[원칙 2] 기업은 인권 침해에 연루되지 않도록 적극 노력한다.

노동 규칙(Labour Standards)

[원칙 3] 기업은 결사의 자유와 단체 교섭권의 실질적인 인정을 지지하고

[원칙 4] 모든 형태의 강제 노동을 배제하며

[원칙 5] 아동 노동을 효율적으로 철폐하고

[원칙 6] 고용 및 업무에서 차별을 철폐한다.

환경(Environment)

[원칙 7] 기업은 환경 문제에 대한 예방적 접근을 지지하고

[원칙 8] 환경적 책임을 증진하는 조치를 수행하며

[원칙 9] 환경 친화적 기술의 개발과 확산을 촉진한다.

반부패(Anti-Corruption)

[원칙 10] 기업은 부당 취득 및 뇌물 등을 포함하는 모든 형태의 부패에 반대한다.

3) GRI G4 Guideline

기업의 CSR 활동이 점차 중요해짐에 따라 CSR 활동에 대한 기업의 정보를 보다 투명하게 공개해야 할 필요성이 대두되었다. 이에 네덜란드 암스테르담에 위치한 GRI는 기업을 주된 대상으로 지속가능 경영보고서 가이드라인을 발표하였다. 그리고 2013년 이를 고도화한 GRI G4 가이드라인이 개정되어 경제적, 환경적, 사회적 성과를 지속가능성 관점에서 작성하도록 가이드를 제공하고 있다. 또한, 기업의 지속가능 경영보고서를 공유하여 이해관계자와 정보를 공유하도록 권장하고 있다. GRI G4 가이드라인은 지속가능 경영보고서 발간에 대한 지침으로 많이 이용되고 있다.

4) SA8000

　　SA(Social Accountability)8000은 1997년 미국 노동부 산하 근로 문제 연구 기관인 SAI(Social Accountability International, 전 CEPAA)의 기술 위원회에 의해 제정된 근로자들의 노동 환경에 대한 인증 시스템 규격이다.

　SA8000의 요건에는 유소년 노동, 보상, 차별, 강제 노동, 근로 시간, 보건 및 안전, 단결권 및 단체 교섭권과 근로 경영 시스템에 대한 요구 사항을 포함하고 있다. 전 세계적으로 노동 환경을 개선하자는 민간 차원에서의 근로자 인권과 근로 조건을 개선하기 위한 윤리와 사회적 책임 경영에 대한 국제 표준이다. 국제노동기구(ILO), UN 인권 선언, UN 아동 권리 헌장 선언 등 노동 조건과 인권 존중을 인증하는 유일한 제도이다.

5) EICC

　　EICC(Electronic Industry Citizen Coalition: 전자 산업 시민 연대)는 소니, 마이크로소프트, IBM, 인텔, 삼성 등 세계 전역의 30개 이상 주요 전기·전자 업체로 구성되어 있다.

　모든 공급 업체의 근로 조건 및 환경 의무를 개선하고자 하는 동일한 목적을 가지고 함께 모여, '전자 업체 행동 규범(EICC 코드)'라는 일반 규범을 만들었다. 이 규범은 ① 노동 ② 보건 및 안전 ③ 환경 ④ 윤리 ⑤ 경영 시스템을 포함하여 기업의 일반 관행에 걸쳐 실행, 준수, 심사, 보고 지침을 내세우고 있다. 이것이 널리 채택되어 전자 산업 분야에 있어서 사회적 책임에 대한 표준이 되고 있다.

EICC는 국제적인 계약에 입찰하거나 신규 비즈니스를 지역적으로 확장할 때 기업이 공급사슬 속에서 공급망 CSR 경영 규정을 준수하고 있음을 증명해 주고 있다.

2. 국내의 CSR 정책적 지원

우리나라는 사회적 책임에 대하여, 1970년대 저렴한 가격으로 제품을 생산하고 공급하는 데 일자리를 만드는 사회적 책임과 경제적 책임에서 시작된 것으로 볼 수 있다. 그 당시는 기업에 대한 경제적 책임과 별도로 사회 공헌과 같이 이해관계자 요구에 대한 인식이 매우 낮은 시대였다.

1980년대는 대기업 중심으로 성장하면서 국가가 자원을 배분해야 한다는 의식이 높아지면서 사회적 책임에 대한 필요성을 느끼기 시작하였다. 1980년대 후반에는 사회 공헌 재단이 설립되고 자선 활동으로 자발성보다 직간접적으로 보이지 않는 압력으로 기부하는 사회가 시작된 것으로 판단된다.

1990년대는 대기업과 다국적 기업으로부터 사회적 책임에 대한 관심이 시작되었으며, 이해관계자 중심으로 CSR 경영에 대한 필요성이 본격적으로 시작된 것으로 본다.

2000년대는 사회적 책임에 대한 인식이 높아졌으며, CSR 경영에 대한 이해관계자의 요구가 증가하면서 CSR 전담 부서 설치가 늘어났다. 그리고 대기업과 다국적 기업을 중심으로 협력 업체에 공급망 CSR 활동이 직간접적인 영향으로 진행되었다. 그러면서 최근 CSR 활동에 대한 평가를 통해 거래 또는 거래 중지까지 중요시되는 시대가 되었다. 따라서 CSR 경영이 선택이 아닌 필수인 시대로 변화되고 있다.

2012년에는 '중소기업 진흥에 관한 법률'에 중소기업의 '사회적 책임 경영' 조항이 신설되었다. 중소기업 진흥에 사회 책임 경영이 필요하고, 정부가 이를 지원할 것을 법으로 공표한 셈이다. 중소기업 진흥에 관한 법률에서 중소기업의 사회적 책임 경영 지원에 대한 근거를 마련하였다. 그리고 중소기업에 대한 지원 방안으로 중소기업 육성 기본 계획 수립과 '사회적 책임 경영 중소기업 지원 센터'를 지정하여 운영 중에 있다. (「제4차 산업혁명 시대 고용과 관련한 기업의 사회적 책임」(2019.12. 고용노동부, 한국노동연구원 배규식)과 「중소기업의 사회적 책임 추진 현황 및 과제」(김성식, 이영면) 일부 인용.)

법률에서는 사회적 책임 경영을, 기업이 경영 활동 과정에서 발생하는 사회·환경적 영향에 대해 투명하고 윤리적인 경영활동을 통하여 기업이 지는 책임으로 명시하고 있다(법 제2조 제11항). 신설된 법의 주요 내용은 두 가지이다. 하나는 중소기업은 종업원, 거래처, 고객 및 지역 사회 등에 사회적 책임을 고려한 경영 활동을 하기 위해 노력해야 한다는 것이다.

본 조항은 사회적 책임 경영 이행에 대한 의무나 강제라기보다는 선언적 규정에 가깝다. 그러나 법에서 이해관계자를 구분하고 그에 대한 책임을 언급한 것은 향후 중소기업의 경영 방향 및 지원 정책에도 영향을 줄 것으로 보인다. 다른 하나는 국가 및 지방 자치 단체들이 중소기업 사회적 책임 경영 지원 계획을 수립하고 관련 업무를 실행하는 것이다. 중소기업 청장은 5년 마다 '사회적 책임 경영 중소기업 육성 기본 계획'을 수립·시행하고, 책임 경영 지원 센터를 지정하여 계획에 따른 구체적 업무를 수행해야 한다.

중소기업의 사회적 책임 경영에 대한 요구와 필요성은 법률 제정 이전부터 제기되어 왔다. 상대적으로 자원이 부족한 중소기업에 관련 제반 사항들이 지원되어야 한다는 이유에서이다. 또한, 장기적으로 사회적 책임 경영을 통해 발생 가능한 위험을 관리하고 중소기업의 미래 가치를 높일 수 있다고 판단하였다.

중소기업청(현, 중소벤처기업부)은 사회적 책임 경영 인식 제고 및 교육을 위해 포럼과 교육 과정을 운영하고 성과 지표 등을 개발하였다. 중소기업 인들과 사회적 책임 경영 전문가들로 구성된 '중소기업 CSR 포럼'은 2007 년부터 현재까지 운영되고 있다.

이러한 '중소기업 CSR 포럼'은 기업의 사회적 책임에 대한 국제 표준 제정(ISO 26000, 2010년 11월)에 따라 수출 중심, 공급망 중심의 중소기업에 대한 대책 마련이 필요했기 때문에 탄생하게 되었다. 또한, 정부, 기업, 학계, 금융 등의 전문가들로 구성된 포럼을 운영하여 중소기업 CSR과 관련된 주요 이슈에 대한 정보와 노하우를 공유하고 있다. 이에 따라 주요 정책 방향에 대한 논의와 이를 정책에 반영하기 위해 민관 주도 협력체를 구성하게 되었다.

이로써 사회 각계각층의 오피니언 리더(opinion leader)의 멤버십(membership) 구축을 통해 중소기업의 사회적 책임 경영에 대한 논의의 확산을 유도할 수 있게 되었다. 그리고 관련 전문가 간 중소기업의 사회적 책임 경영 현황 및 추세, 현안 및 추진 전략 등에 대한 심도 있는 의견을 교환하며 정책 도출에도 기여하고 있다.

여기서는 중소기업의 사회적 책임 경영 우수 사례 공유, 국내외 동향, 정책적 제언 등의 주제가 다루어진다. 'CSR 아카데미' 등 중소기업인과 컨설팅 전문 인력에 대한 교육도 이어져 왔다. 그리고 사회적 책임 경영을 확산하고 지원을 넓혀가기 위해 컨설팅을 진행하고 있다. 간혹 거래처에서 지속가능 경영보고서를 요청하거나 구매 조건에 포함되어 난색을 표하는 중소기업들에 컨설팅 인력을 지원하기도 한다. 또한, 2011년부터 중소기업용 CSR사회적책임포털(https://www.smes.go.kr/csr)을 운영하고 있다.

3. 국외의 CSR 정책적 지원

국제적으로 미국은 1997년 The Foreign Corrupt Practice Act(해외 부패 방지법)을 시작으로 CSR 규범 및 의무화를 위해 각종 법률이 제정되어 추진되고 있다. EU 각국은 1996년 환경에 대한 법률화를 시작으로 환경 보고서, 사회 보고서, 지속가능 경영보고서, 사회적 책임 투자정보 공개 등의 의무화가 진행되고 있다.

일본은 1997년 경단련 주관으로 SR 헌장을 채택하여 Good Corporate Citizenship을 강조하는 사회적 책임에 역점을 두고 실행하고 있다. 프랑스는 비영리 단체 기부에 대한 세제 혜택과 상장 회사에 대하여 연간 보고서에 사회적, 환경적 영향을 포함하여 발표하도록 규정하고 있다. 스페인은 기업의 기부나 재단을 통해 공익 활동 비용에 대하여 세제 지원을 규정하고 있다.

세계적으로 CSR 경영에 대한 법적 제도를 강화하고 있으며, 세제 지원 등으로 사회적 책임경영 활성화에 노력하고 있다. (「기업의 사회적 책임과 중소기업」, KDIT Report, 2007-5호, 2007.09. 인용)

CSR 경영은 글로벌 무한 경쟁 시대에 글로벌 경쟁력을 갖추기 위해 위기를 모니터링하여 이를 기회적으로 이용한다면 기업의 장래 가치를 높일수 있다. 그리고 브랜드 가치 향상을 통해 글로벌 시장에서 경쟁력을 높이기 위해 각국에서 세제 혜택 등 적극적인 지원으로 성장 방안을 강구하고 있다. (「중소기업도 CSR 경영체계 구축」(나도성, 한국 과학 창의 재단, 사이언스 타임즈, 2007. 08.23 일부 인용.)

[표 3-1] 주요 국가 CSR 경영 지원 정책

국가	CSR 정책
영국	■정부가 2000년 세계 최초로 CSR 장관을 임명하는 등 적극적으로 CSR 정책을 추진하고 있음. ■의회도 회사법 개정과 사회 성과 보고 제도를 발전시키는 등 CSR 활동을 적극 지원함.
독일	■2009년에 다양한 이해관계자 40명으로 구성된 'CSR 국가 포럼'을 시작하였으며, 2010년 10월에는 'CSR Action Plan'을 도입하는 등 CSR을 정책적으로 적극 추진함.
프랑스	■기업의 '사회 성과 보고'의 법제화를 선도하는 국가로 평가되고 있음. ■공공 구매, 연금 적립 펀드 등에 CSR 내용을 포함한 다양한 법안을 제정하고 있음.
네덜란드	■기업을 대상으로 CSR 홍보 및 정보 제공에 주력함. ■중소기업 중심의 경제 구조를 반영하여 중소기업의 사회적 역할에 관한 정책 및 가이드라인을 준비하고 있음.
미국	■CSR 촉진을 위한 정부의 적극적인 개입은 없으나, 사회 책임 펀드(SRI)를 중심으로 민간 부문에서 CSR 확산이 이루어지고 있음.
중국	■정부가 CSR에 대한 강한 의지를 보이고 있음. ■지속가능성을 반영한 비전을 수립하고, 지속가능성 7대 원칙을 선포하며, 7대 실천 과제를 선정하고, 이들 정책을 체계적으로 추진하기 위해서 파트너십 체결, 기업 거버넌스, 종업원 권리, 안전 보건, 환경 등 기업을 대상으로 SR 정책 활동을 강화하고 있음.
베트남	■2004년 'Vietnam Agenda 21'을 통해 21세기 베트남의 '지속가능한 발전'을 도모하고 국제 사회에 베트남의 의지를 표명함.
인도네시아	■2007년을 기점으로 회사법, 투자법, 유한 책임 회사법 등에 CSR 관련 조항을 도입하여 기업들의 CSR 활동을 강제적으로 추진함.
남아프리카 공화국	■1994년에 신헌법을 제정하면서 사회 및 환경에 대한 기업의 책임을 명시한 것이 그 배경이 됨. ■특히, 남아프리카 공화국의 CSR 실행은 요하네스버그 증권 거래소의 역할이 핵심적인데, 거래소는 시장의 투명성과 투자의 신뢰 향상을 위해 지속가능성 정보의 보고를 의무화하고, 매년 JSE SRI Index를 발표함.

4. 국내외 CSR 경영 사례

1) CSR 성공 사례

○ 책임 여행(Responsible Tourism) 기업

Responsible Tourism(책임 여행)은 환경을 파괴하지 않고 경제적, 사회적, 환경적 요소를 고려하여 환경 보호를 추구하는 여행이다. 여행 일정은 대부분 문화 운동으로 자전거 여행, 도보 여행 등이며, 생태계 관광 여행 상품(www.responsibletravel.com)과 CSR 경영을 접목하여 이루어진다. 이는 환경을 파괴하지 않는 여행, 사람과 문화를 존중하는 여행 등 가이드라인을 정해 놓고 사회, 환경 가치를 고려하여 비스니스와 연계하고 있다. 이해관계자로부터 환영 받고 사업상으로 리스크를 줄여 수익을 높이는 지속 가능한 CSR 경영의 성공 모델을 만든 사례이다.

그 결과 불과 몇 년 만에 세계적으로 Responsible Tourism(책임 여행) 기업은 입소문을 통해 성장한 전문 기업으로 탄생하였다. 중소기업의 CSR 경영은 중소기업의 핵심사업과 연계하여 CSR 관점에서 고려하여 전략적 CSR 경영이 필요한 것으로 볼 수 있다.

○ 빈곤지역 소액대출 제공, 바클레이즈

외국 글로벌 금융 회사 바클레이즈(Barclays)는 금융 지식을 활용하여 금융 소외 지역 우간다 등 빈곤 지역에 소액 대출을 제공하는 'Banking on Change' 프로그램을 진행하였다. 빈곤층에게 핵심사업과 연계하여 금융 교육과 금융 지원을 통해 사회적 책임을 다하는 사례이다.

○ 우리 강산 푸르게 푸르게, 유한양행

유한양행은 1926년 유일한 박사가 설립하여 생활용품을 생산하는 회사로, '기업에서 얻는 이익은 그 기업을 키운 사회에 환원해야 한다.'는 유일한 박사의 철학이 숨어 있는 기업이다. 유한양행 로고인 버드나무의 녹색 잎은 성장하는 생명을 의미하는 것으로 전해지고 있다. 유한양행은 '우리 강산 푸르게 푸르게'라는 프로그램으로 환경 보호에 노력하는 사회적 책임을 잘한 기업으로 많은 사람이 기억하는 회사이다.

임직원들은 저탄소 사회 구현 방안으로 ISO 14001 환경 경영 시스템 구축과 운영을 통해 오염물질 감축과 청정 생산 체계를 구축하고 있다. 또한, 자원 재활용으로 환경적 책임에 많은 관심을 가지고 끊임없이 온실가스 인벤토리를 구축하고 실천하여 기후 변화에 대처하고 있으며, 녹색 성장을 위한 환경적 책임을 추진하고 있다.

유한양행은 윤리 경영, 고객 만족 경영 그리고 노사 간 화합과 신뢰 관계를 중심으로 인류 건강에 이바지하고 나눔과 공유로 성장하는 국민 기업이다.

○ 6대 무브(MOVE) 사회 공헌 활동, 현대 자동차 그룹

현대 자동차 그룹은 고객, 사회와 함께 더 나은 세상을 만들어 가기 위해 '미래를 향한 진정한 파트너'라는 비전을 선포하고 사회 공헌 활동에 매진하고 있다. 앞으로의 사회 공헌 활동에 변화하는 사회상과 시대적 과제를 반영하고, 더욱 체계적으로 운영하기 위해 새로운 사회공헌 중장기 비전을 선포했다. 이를 기반으로 현대 자동차 그룹은 모든 이해관계자와 함께 지속가능한 미래 가치를 창조하고 공유하는 기업이 되고자 노력하고 있다.

현대 자동차 그룹은 글로벌 기업으로서 책임감을 갖고 '6대 무브(MOVE)'를 기반으로 다양한 사회 공헌 활동을 통해 더 나은 미래를 향한 인류 공

통의 목표를 실현해 나가고 있다.

[표 3-2] 현대 자동차 그룹의 6대 무브 사회 공헌 활동(출처: 현대 자동차)

구분	내용
드림 무브 (Dream Move)	대한민국 미래를 이끌 청년과 기회가 부족한 이웃들이 원하는 꿈을 펼칠 수 있도록 사회 공헌 활동을 전개하고 있다.
넥스트 무브 (Next Move)	사회 공헌의 지속성을 높이도록 계열사의 전문성을 활용한 사회 공헌 사업을 전개하고 있다.
이지 무브 (Easy Move)	교통 약자는 물론 소외 이웃들이 차별과 불편 없이 쉽고 편리하게 이동할 수 있도록 사회 공헌 활동에의 투자를 아끼지 않고 있다.
세이프 무브 (Safe Move)	다양한 연령대를 고려한 맞춤형 교통 안전 교육 및 캠페인을 통해 안전한 세상이 확대되도록 사회 공헌 활동을 통한 지원을 펼쳐가고 있다.
그린 무브 (Green Move)	생명력을 잃어가는 자연과 황폐해지는 지구 환경을 풍요롭게 되살리기 위해 생태 복원 운동에 앞장서고 있다.
해피 무브 (Happy Move)	전 임직원은 세상 모든 이들이 행복한 삶을 누리며 희망찬 내일과 마주할 수 있도록 봉사 활동에 참여하고 있다.

○ 위기 관리의 교과서, 존슨 앤 존슨(Johnson & Johnson)

1982년 10월, 미국 일리노이주 시카고에서 3명의 사람이 갑작스럽게 독극물로 사망한 사건이 발생하였다. 피해자들은 부검 결과 공통적으로 타이레놀을 복용했다는 것을 알아냈는데, 타이레놀 안에는 우리에게는 청산가리라는 이름으로 익숙한 시안화물(Cyanide)이 들어 있었다.

존슨 앤 존슨에서는 타이레놀이 사망 사건과 관련이 있다는 사실을 파악한 즉시 문제가 발생한 타이레놀의 생산 날짜와 공급 루트 등 모든 정보를 제공하였다. 경찰 당국에서는 범죄자가 카운터에서 초강력 타이레놀 캡슐을 구매해서 캡슐을 분해하고 시안화물을 주입한 후 다시 선반에 올려 둔, 이른바 무차별 범죄를 저지른 것으로 결론을 내렸다.

존슨 앤 존슨은 평소 소비자에 대한 책임을 최우선으로 하는 신조대로 타이레놀에 대해 회사 자체적으로 소비자 경보를 발령하고, CEO가 직접 나서서 '타이레놀을 절대 섭취하지 말라.'는 홍보를 하였다. 경영진들은 투명성이 최선이라는 정책을 가지고 모든 정보를 투명하게 공개하였다.

이때 식약청(FDA)에서는 시카고 지역에 있는 제품만을 회수하기를 권고했으나, 존슨 앤 존슨은 선제적으로 시카고뿐만 아니라 미국 전역에 판매된 모든 타이레놀(1억 달러 가량)을 회수하는 조치를 단행하였다.

존슨 앤 존슨에서는 적극적으로 제품을 회수하며, 문제가 발생했던 '캡슐'형식의 타이레놀의 생산을 중단하고, 전면 정제(tablet)로 교체하면서 개봉 시 확인을 할 수 있도록 새로운 포장 방법을 개발하였다.

사고 전 타이레놀은 미국 진통 해열제 시장의 35% 점유율을 차지하는 압도적인 1위 제품이었는데, 사고 발생 후에는 점유율이 7%까지 폭락하였다. 그러나 이와 같은 기업의 적극적인 노력과 소비자들의 신뢰를 바탕으로 존슨 앤 존슨사의 타이레놀은 채 1년도 걸리지 않아 시장 점유율을 되찾는 데 성공하였다.

○ 지속가능 경영의 모델, 쉘(Shell)

쉘은 사업장이 어디에 있든 지역 사회 주민의 목소리를 잘 듣고 고충 내용을 잘 알고 있기 때문에 의사소통을 통해 문제를 잘 해결하고 있다. 또한, 지역 사회 전문가들로 자문 위원회를 구성하여 지역 사회에 미치는 영향을 감시하고 평가하며, 월례 회의를 통해 사회적 책임 활동을 적극적으로 진행하고 있다.

쉘의 핵심 가치는 성실성과 정직한 인간 존중이다. 지속가능한 개발 모형은 경제, 사회, 환경의 삼각형 구조에서 프로젝트를 추진하거나 의사 결정을 진행하는 것이다. 쉘은 사회적, 환경적 측면에서 어떤 영향이 있는지 우선적으로 평가되어야 하며, 그 후에 경제적인 사업 성과를 가져오는지, 긍정적인 측면과 부정적인 측면까지 파악하여 부정적인 사회적 영향을 최소화하는 데 끊임없이 노력하고 있는 기업이다.

쉘은 뇌물 행위를 용납하지 않으며, 내부적으로 검증 체계를 갖추어 유효성을 확인하고 있다. 또한, 내부 고발인의 프로그램을 이용하여 근거 있는 혐의가 발견되면 강력하게 처벌하고 있다. Shell은 지속적인 성장을 위해 중장기적으로 균형 있는 이윤 극대화를 추구하고 있고, 경제, 사회, 환경에 미치는 영향을 종합하여 개선 활동을 하고 있다.(www.kacso.or.kr/upload/Shell.pdf)

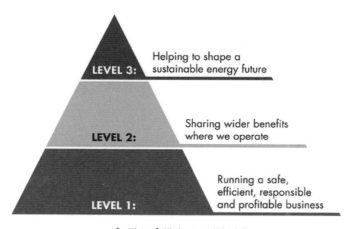

[그림 3-1] 쉘의 CSR 경영 단계

쉘의 CSR 경영은 [그림 3-1]과 같이 Level 1은 안전하고 책임감 있는 성과 경영이며(경제적 책임), Level 2는 더 많은 혜택을 공유(사회적 책임),

Level 3은 미래 지속가능한 환경을 보호(환경적 책임)하는 것으로, 지속가능한 경영을 발전적 모델로 진행하고 있다.

2) CSR 실패 사례

○ 기업 윤리를 저버린 폭스바겐(Volkswagen)

독일의 자동차 제조업 관련 기업인 폭스바겐은 2015년에 수많은 디젤 차량들의 배기 가스 소프트웨어를 조작하였으며, 자동차 배출 가스 환경 기준을 배출 가스 저감 장치를 조작하여 테스트를 통과하였다. 배출 가스 테스트 과정에서 사업장에서 연료를 태울 때 배출되거나 자동차 배출 가스에 포함된 대기 오염 물질인 질소 산화물이 허용 기준치보다 매우 높게 나왔음에도 불구하고, 이를 숨기고 마케팅을 한 것이다. 결국 이 사실이 뒤늦게 밝혀지면서 소비자들의 리콜 사태가 일어나게 되었고, 기업의 이미지는 추락하게 되었다.

하지만 이 사건은 기업이 이미지에 타격을 입은 것만으로 끝나지 않았다. 폭스바겐은 당시 자동차 업계의 큰 고민이었던 환경과 연비를 둘 다 만족시키기 위해 '클린 디젤'이라는 이름으로 디젤 차량을 판매하였다. 그런데 클린 디젤이 결국 거짓으로 드러나자 디젤 차량에 대한 이미지는 바로 추락해 버렸고, 이는 현재까지 이어지고 있다.

또한, 이 사건은 폭스바겐만이 아니라 자동차 업계 전체에 부정적인 영향을 미쳤다. 유럽에 있는 자동차 회사는 물론 일본의 여러 자동차 기업들의 주가가 폭락하는 현상이 발생하였다. 그리고 디젤 엔진의 촉매제로 사용되는 재료 중 백금(플래티넘)이 있는데, 이에 따라 백금의 가격까지 폭락하는 현상도 나타나게 되었다.

○ 어린이 노동 착취 문제로 시끄러운 나이키(Nike)

1996년 스포츠 시장 점유율 1위 업체인 나이키 때문에 전 세계를 경악하게 만든 사건이 있었다. 바로 미국 잡지인 '라이프 6월호'에 실린 12살 소년이 나이키 상표가 찍힌 축구공을 바느질하고 있는 사진과 함께 파키스탄 어린이 노동 착취에 대한 비판 기사 때문이었다.

월드컵 경기장에서부터 동네 축구장까지 전 세계를 누비고 있는 명성 있는 나이키 축구공이 아동 노동 착취를 통해 만들어진다는 사실은 많은 사람에게 충격을 안겨주었다. 미국 소비자 단체는 '아동 노동으로 생산한 제품을 구입하지 않겠다.'고 발표하였으며 불매 운동으로 이어졌다. 나이키는 디자인과 마케팅을 빼고 생산은 아웃소싱을 통해 낮은 비용으로 해외에서 생산해 왔다. 한국에서 하청 공장을 설립하여 한국 여성 노동자들이 노동조합을 조직하려 하자 인도네시아와 베트남으로 이전하였다.

1992년 나이키는 회사 내 윤리 강령을 채택하여 윤리 강령을 준수할 것을, 이행 각서를 받아 운영하는 것으로 알려졌으나, 1996년 사건을 계기로 조사 결과 윤리 강령이 제대로 지켜지지 않은 사실이 확인되었다. 그러면서 브랜드 이미지에 큰 타격을 받게 되었다. 하지만 나이키는 하청 업체 잘못에 대하여 '왜 나이키에 책임을 묻는가?'하고 발뺌을 하는 태도를 보였다. 그러나 사회적 책임에 대한 리스크로 성장과 기업 이미지 타격이 높아지면서 나이키 경영진은 결국 소비자와 투자자들의 공세에 무릎을 꿇고 노동자 연령을 18세 이상으로 제한하는 등 안전, 건강, 환경 등에 대한 지침을 만들어 제공하였다.

4.

국제 표준 ISO 26000

1. ISO 26000의 개념

ISO 26000은 ISO[1]국제 표준화 기구에서 모든 형태의 조직이 지속가능한 발전에 기여할 수 있도록 하기 위하여, 전세계 99개국, 42개 국제 조직에서 약 600명의 전문가가 참여하여, 2004년 10월 개발을 시작하여 2010년 11월 ISO 26000을 제정하여 공포하였다.

ISO 26000은 기업이나 조직의 규모와 관계없이 선진국이든 후진국이든 모든 형태의 조직에서(기업, 공공 기관, 시민, 단체) 적용이 가능한 표준이며, 인증이나 규제가 아닌 자발적으로 적용하는 것을 원칙으로 하고 있다. 즉, 인증서를 발급하지 않을 뿐 아니라, 미인증에 대한 규제 등이 없이 기업이나 조직에서 자발적으로 해당 표준을 적용토록 하고 있는 것이다.

반면, 1987년 도입된 ISO 9001(품질경영시스템)은 현재 전세계 170여개국에서 인증 건수가 연간 1백만 건 이상에 달하고 있다. ISO 9001은 1987년 이후 1994년, 2000년, 2008년에 크게 개정되었으며, 최근 2015년이 되어 다시 개정되었다[2]. 2015년 이루어진 개정은 기술, 사업의 다양성, 국제 상거래 모습의 변화와 서비스 부문의 높아진 중요성이 반영되었다.

ISO 9001(2015)와 ISO 26000(2010)을 비교해 보면, ISO 9001(2015)은 품질경영시스템 표준으로 전 세계적으로 가장 많이 채택하는 국제 표준이며 비즈니스 규모에 상관없이 적용되고 기업이나 조직에 대하여 ISO 9001(2015)에 충족하는 제품을 일관되게 제공하는 능력을 보여주기 위한 품질 체계를 문서화하여 지속적인 개선을 요구하는 공급자 ↔ 조직 ↔ 고객에게까지 공급망 관리를 품질 경영 시스템에 따라 이해관계자 모니터링과 지속적인 개선

1) ISO: International Organization for Standardization
2) 한국표준협회(2017.8.) Global Standard Plus vol. 213

활동을 통해 성과 경영을 추구하고 있는 범위를 가지고 있다.

<표 4-1> ISO 9001과 ISO 26000의 비교

표준	ISO 9001:2015	ISO 26000:2010
인증요건	제3자 객관적 심사인증서 발행	제3자 지속가능보고서 검증
성격	품질경영체계표준	사회적 책임에 관한 지침
범위	고객만족을 지원하고 고객 및 규제에 충족하는 지속적으로 개선하는 과정의 프로세스 품질경영 체계 명시	■사회적 책임분야 공동이해증진 ■모든 조직에 적용 가능한 지침제공 ■경제적 · 사회적 · 환경적 측면에 대한 이해관계자를 고려한 경영
Supply Chain Management		
원칙	■고객중심(Customer focus) ■리더십(Leadership) ■전원참여(Engagement of people) ■프로세스접근법(Process approach) ■개선(Improvement) ■증거기반 의사결정(Evidence based decision making) ■관계관리(Relationship management)	■일반원칙: 국제적으로 인정되는 관행, 선언존중 및 법규에 대한 존중 ■실질적 핵심원칙: 환경, 인권, 노동관행, 조직 지배구조, 공정운영관행, 지역사회참여, 소비자 이슈 ■운영기본원칙: 책임성, 투명성, 윤리적 행동·이해관계자 이익존중, 법규준수, 국제행동규범 존중, 인권존중

반면 ISO 26000(2010) 기업의 사회적 책임에 대한 지침은 사회적 책임, 경제적 책임, 환경적 책임 분야를 이해관계자에 대한 모니터링을 통해서 리스크 요인을 모니터링하고 이슈 과제를 선정하여 경영 활동에 반영하며 지속가능한 기업으로 성장하도록 지향하고 있으며, 공급망 관리를 하도급 공급자 ⇄ 공급자 ⇄ 조직 ⇄ 고객 ⇄ 폐기물 재활용으로 사회, 환경적 측면의 다양한 조건을 고려한 책임 경영을 요구하고 있는 넓은 범위를 가지고 있다.

그리고 ISO 26000(2010)은 제3기관으로부터 인증을 요구하지 않는 특징이 있어 인증서 발급이 수반되지 않지만, 4차 산업혁명을 수반하는 경제 위기 시대에서 기업이나 조직이 사회적 책임 활동을 지속적으로 추진함으로 그 기업의 사회적 책임에 대한 지속적인 활동의 결과가 기업 이미지 및 브랜드 가치를 증가시켜서 기업 경쟁력 강화에 도움을 주게 될 뿐만 아니라, 기업이나 조직의 지속가능 경영을 위한 필수 불가결한 요소가 되고 있다.

소비자, 고객, 기부자, 투자자 및 지역 주민 등 기업이나 조직의 이해관계자는 사회적 책임과 관련하여 여러 방면으로 해당 기업이나 조직에게 영향을 주게 된다. 즉, 사회적 책임은 의사 결정과 정보 접근에서부터 이해관계자들의 니즈를 충족하기 위해 생각하게 되고, 기업이나 조직과 이해관계자간의 의사소통의 활성화로 기업이나 조직의 점진적인 발전의 발판이 되는 것이다.

ISO 26000은 대형 글로벌 민간 기업에만 국한되는 것이 아니라 전 세계의 크고 작은 여러 형태, 모든 규모의 조직에서 활용되고 있다. 2015년 UN 총회에서 채택된 지속가능 개발 목표는 빈곤을 퇴치하고, 지구를 보호하며, 모두를 위한 번영을 보장한다는 것이다. ISO 26000의 사회 및 환경적 지속가능성 원칙은 이러한 목표에 직접적으로 기여할 수 있도록 정의되었다.

CSR을 우리나라에서는 '기업의 사회적 책임'이라고 하지만, 좀 더 세부적으로는 '기업이 경제, 사회와 환경에 미치는 영향에 대한 책임'이라고 할 수 있다. 따라서 CSR에서 지속가능이라 함은 기업의 지속가능 경영을 의미할 뿐 아니라 우리 인류가 살아가는 경제, 사회 및 환경의 지속가능성 원칙도 포함하는 것이다.

또한, 사회적 책임 경영 중소 기업 육성 기본 계획(2017~2021)[3]에 따르면

3) 중소기업청 고시 제2016 – 65호 (2016. 10. 28.)

사회적 책임을 "기업이 주변의 경제·사회·환경적 요소(주주, 근로자, 소비자, 협력사, 지역 사회, 환경)에 대해 책임을 갖고 이를 기업 활동에 반영하는 것"으로 정의하기도 한다.

ISO 26000 구성의 Outline은 아래 표와 같다.

<표 4-2> ISO 26000 구성의 Outline

절 제목	절 번호	주요내용
적용범위	1	내용/범위, 한계점/예외사항
용어정의	2	사회적 책임 개념이해 및 국제표준 사용을 위한 중요 용어 정의
사회적 책임의 이해	3	사회적책임 개발에 영향을 미치는 요인 및 조건 사회적 책임의 본질 및 실천에 미치는 요인 및 조건 사회적 책임의 개념과 적용방법
원칙	4	사회적 책임 원칙
사회적 책임 인식 및 이해관계자 참여	5	조직의 사회적 책임 인식 이해관계자 파악 및 참여 이해 관계자와 사회, 조직 사이의 관계에 대한 지침 사회적 책임 주제 및 이슈, 조직의 영향력범위 파악에 대한 지침
핵심주제	6	사회적 책임에 대한 관련 7대 핵심주제설명 - 적용범위, 사회적 책임과의 관계, 관련 원칙 및 고려사항 등
조직을 통한 실행	7	사회적 책임을 조직 내에서 실천하는 방안에 대한 지침 - 조직의 사회적 책임 이해 - 사회적 책임의 조직 적용 - 사회적 책임관련 커뮤니케이션 - 조직의 신뢰성 제고 - 평가 및 성과개선 - 자발적 이니셔티브

(출처: 중소기업 CSR전문가 양성과정 교재(2018), 한국경영기술지도사회)

2. 사회적 책임 경영의 시대적 변화

사회적 책임(CSR)은 조직의 의사 결정에 사회, 환경, 경제적 사항을 고려하여 투명하고, 윤리적인 행동을 통해 책임을 지게 됨으로서 기업을 지속가능한 기업으로 발전시키며, 성장하기 위한 자발성이 크다고 할 것이다.

ISO 26000(2010)의 프레임은 〈그림 4-1〉과 같다.

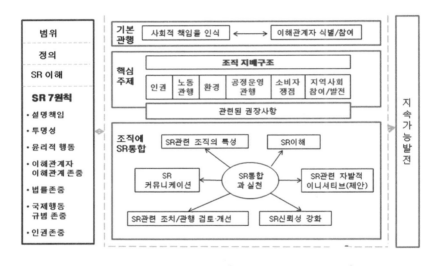

〈그림 4-1〉 ISO 26000의 프레임[출처: KSA ISO 26000:2012]

1960년대 이전 여러 경제적, 정치적 환경적 요인으로 일부 대기업들이 고속 성장하면서 대기업의 소유자(Owner) 중심으로 일부 자선 활동 및 기부를 하던 시절이 있었으나, 이후 점차적으로 기업들이 자발적으로 자선 활동과 사회 문제를 해결하기 위해 노력하면서 사회 전반에 사회적 공헌에 대한 분위기가 확산 되었다. 또한, 사업장 내에서 성차별, 인종 차별, 산업

공해 발생, 노동 문제 및 기업들 간에 단합 가격 등 문제가 언론에 제기되면서 사회적 책임(CSR) 경영의 필요성이 대두되기 시작하였다.

1970년대는 기업의 활동 범위가 다국적 기업화하며 점진적으로 수출이 진행되고 증가하면서 지역 사회, 인종, 종교 등 조직 내부에 갈등과 충돌이 발생하고, 이러한 것들이 점차 조직 내에 또는 이해관계자 간에 문제점으로 돌출되기에 이르렀다.

1980년대에는 윤리 경영 측면에서 사회적 책임(CSR) 경영의 일환으로 일부 기업에 윤리 헌장 등이 등장하기도 하였다.

1990년대는 지구의 기후 온난화 문제로 대부분의 사람들이 환경 보호에 대한 관심이 급격하게 커지기 시작하면서 환경적 책임에 대한 관심이 급속하게 증가되기 시작했으며, 지구 온난화 규제 및 방지 국제 협약인 선진국 온실가스 감축 목표를 규정하게 되어 1997년 12월 일본 교토에서 개최된 유엔 기후 변화 협약[4]의 제3차 당사국 총회에서 교토 의정서[5]가 채택되었고, 2005년 2월 16일에 발효되어 이 의정서를 인준한 국가는 이산화탄소 외 6가지 온실가스 배출을 감축해야만 하도록 공포되었다.

우리나라의 경우에 1990년대 말 IMF사태를 거치면서, 기업의 윤리 경영에 대한 필요성이 점차 증가하기 시작하였으며, 전경련 통계에 의하면, 상장 기업을 중심으로 20% 이상의 기업들이 윤리 경영 헌장을 제정하기에 이르렀다.

2000년대는 유엔 글로벌 임팩트(UNGC)[6]와 국제 표준화 기구(ISO)를 중심으로 사회적 책임(CSR) 경영에 대한 표준인 ISO 26000(2010)을 제정하

---

4) 유엔 기후 변화 협약: United Nations Framework Convention on Climate Change, UNFCCC
5) 교토 의정서(Kyoto Protocol) : 지구 온난화와 규제 및 방지를 위한 국제 협약인 기후 변화 협약의 수정안.
6) UNGC : UN Global Impact – 인권/노동/환경/반부패에 대한 10대 원칙을 준수하는 세계 최대 자발적 기업 시민 이니셔티브

여 경제적, 사회적, 환경적 책임에 대해 기업이나 조직의 방향을 제시해 주는 계기가 되었다.

사회적 책임 경영의 규모나 범위는 국가 및 문화에 따라 다양하겠지만, 조직의 규모와 환경을 고려하여 가능한 것부터 실천하는 것이 무엇보다 중요하다.

하지만, 환경 오염 등의 이슈가 사회적인 문제로 대두되거나 확대되는 경우, 대기업 뿐만 아니라 중소기업에게도 소비자들의 불만이 불매 운동으로 확대되어 기업의 생존조차 위태로워지는 시대가 대두되어 가고 있으며, 점차 소비자의 인식이 변화되고 사회의 인식이 발전하고 있다. 또한, 미래 중소기업에 대하여 지속가능한 경영을 하기 위해서는 반드시 기업이 이해관계자를 고려하지 않고는 생존하기 어렵고, 결국 생존 불능으로 도태될 수밖에 없는 사회 환경으로 진화되고 있다. 이러한 위험에 노출된다면 해당 기업의 생존 자체가 위태로울 수 있음을 인지하고 결국 기업의 경영자 뿐 아니라 모든 구성원은 사회적 책임이 생존을 위한 수단이며 선택이 아닌 필수 환경으로 변화되고 있음을 반드시 주지하여야만 한다.

중소기업에서도 어떠한 제품 생산 또는 서비스 활동을 하기 위하여 원·부자재 및 전기, 경유 등을 사용하여 온실가스를 직·간접적으로 발생시키게 됨으로 지구 온난화에 영향을 줄 수밖에 없다. 반면에, 기업의 이해관계자인 소비자들은 최근 기업의 사회적 책임의 당연성을 주장하는 사람이 큰 폭으로 증가되고 있다.

따라서 기업마다 이해관계자를 반드시 고려하여 국제 규범을 준수하는 것은 물론 투명하고 윤리적인 경영을 해 나가야 한다. 대부분의 이해관계자들은 기업에 대하여, 이러한 책임경영을 강력히 요구하고 있으므로 기업이 시대 변화에 빠르게 대처하기 위해서는 상시 이해관계자에 대한 지속적인 모니터링을 통하여 전략적 사회적 책임(CSR) 경영을 요구하는 환경으로 진화되어야 할 것이다.

3. ISO 26000의 7가지 원칙[7]

ISO 26000의 7가지 원칙은 아래와 같다.

1) 설명 책임

조직은 지배적인 이해관계자에 대해 경영진의 답변 의무와 법 및 규정에 대하여 법률 당국에 답변 의무를 포함한다. 조직이 경제, 사회, 환경에 미치는 영향에 대한 설명 책임은 조직의 의사 결정 및 활동으로 영향을 받는 사람(이해관계자)에게 답변하는 게 포함되지만 주변 사항 및 규모에 따라 다르게 적용하는 것도 가능하다.

설명 책임을 진다는 것은 조직이나 사회 둘 다 모두에게 긍정적인 영향을 미치게 될 것이다. 설명은 긍정적인 내용뿐 아니라 부정적인 내용이나 결과도 포함되어야 하며 특히 부정적인 내용에 대하여는 재발 방지를 위한 시정 조치 내용이나 책임도 설명하는 것이 좋다.

---

7) ISO 26000의 7가지 원칙과 4. 핵심 주제는 KSA ISO 26000(2012)를 준용하여 정리하였다.

2) 투명성

　　　　　　　조직은 투명하고 정확하게 완전한 방식과 합리적으로 사회 및 환경에 미치는 영향 및 일어날 수 있는 영향을 포함하여 조직이 책임지는 정책, 의사 결정 및 활동을 투명하게 공개하는 것이 좋다. 투명하게 공개된 정보는 조직으로부터 심각한 영향을 받았거나, 그러한 영향을 받을 가능성이 있는 사람이 즉시 이용할 수 있도록 접근이 가능하고 이해할 수 있는 수준으로 공개하는 것이 좋다.

　정보는 이해관계자가 이해할 수 있도록 정보 공개의 시기가 적절하고 사실적인 것이 좋으며, 객관적으로 제시하는 것이 좋다. 다만, 투명성 원칙은 소유권이 있는 정보나 특권, 법률, 보안 또는 개인의 프라이버시 보호나 상거래상 관련 법규를 위반할 가능성이 있는 정보를 포함하지 않으며, 다시 말하면 법적으로 정보 보호에 포함되는 내용이나 법적 위반 가능성이 있는 정보제공은 포함되지 않는다.

　투명해야 할 정보의 예를 들면 조직 활동의 목적이나 성격, 조직이 평가하는 사회적 책임의 관련 성과에 대한 기준, 조직 자금의 출처나 금액, 사용 용도 등이 있을 수 있다.

3) 윤리적 행동

　　　　　　　조직은 정직성, 평등성 및 성실성의 가치를 기반으로 윤리적으로 행동하는 것이 좋다. 이러한 가치는 인간, 동물 및 환경에 대한 관심과 이해관계자에게 미치는 조직의 활동 및 의사결정의 영향에 대하여 윤리적 행동 표준을 제시하여 적용하는 것이 좋다.

조직은 핵심 가치 및 원칙을 식별하여 명시하며, 조직의 목적 및 활동에 적합한 윤리적 행동 표준을 식별하여 채택하고 적용하여야 한다. 또한 비윤리적 행동이 발생할 경우 보복의 두려움 없이 비윤리적 행동 보고를 쉽게 할 수 있도록 시스템을 구축하고 유지하여야 한다.

또한, 조직의 활동이 동물의 생명 및 존재에 영향을 주는 경우에는 동물 복지를 존중하여야 한다.

4) 이해관계자 이해관계 존중

조직은 이해관계자를 식별하여 법적 권리뿐만 아니라 이해관계를 인식하여 존중하고, 다양한 요구 사항을 모니터링하고 이슈 과제를 선정하여 지속적인 개선 및 의사소통을 통하여 위험 요인을 기회 요인으로 이용하는 전략적 CSR 경영을 진행하는 것이 좋다.

조직의 이해관계자는 조직의 소유자나 고객 또는 회원이나 구성원들뿐만 아니라 다른 개인, 또는 그룹이나 다른 조직도 조직이 추구하는 권리나 클레임 등 특정한 이해관계를 가질 수 있다.

조직은 조직의 이해관계자가 가지는 법적 권리뿐 아니라, 이해관계를 인식하고, 적정하게 고려하며, 이해관계자가 표현하는 관심사에 대한 적절한 대응을 하는 것이 좋다. 일부 이해관계자의 경우에는 조직의 활동이나 목적에 중대한 영향을 줄 수도 있음을 인정하는 것이 좋다.

조직은 사회와 이해관계자에게 정(+) 또는 부(-)의 영향을 미치고 있다. 예를 들면, 조직인 기업은 생산 과정에서 발생하는 대기 오염 또는 소음에 대한 민원을 이해관계자인 지역 사회로부터 제기 받을 수 있으며, 이러한 이유로 소비자들은 해당 기업 제품에 대한 불매 운동을 일으키거나 하여 기업에게 직간접적으로 영향을 주게 된다.

따라서 조직과 사회 또는 이해관계자 관계는 긴밀한 의사소통을 통해 이슈 과제를 우선적으로 해결하여야 하며, 〈그림 4-2〉에서와 같이 서로 공생 관계를 유지하게 되는 것이다.

〈그림 4-2〉 조직의 이해관계자 및 사회와의 관계[8]

5) 법치 존중

조직은 법치 존중이 의무적임을 받아들이는 것이 좋

8) 출처 : KSA ISO 26000(2012)

다. 법치는 법 위에 누구도 없으며 즉 어떠한 개인이나 조직, 심지어 정부 조차도 법을 따라야 함은 당연하다. 법은 성문화되어 일반 대중에게 공개되며 수립된 절차에 따라 공정하게 집행되는 것을 의미한다.

조직은 적용되는 법과 규정을 인식하고 준수 의무를 가지고 있을 뿐 아니라, 준수 의무를 조직 내에 공유하며, 해당 조치를 실행하여야 하며, 주기적으로 검토하여 개정 내용을 조직의 활동이나 운영에 반영하는 것이 좋다.

법이나 규정이 제대로 집행되지 않더라도 조직이 활동하는 모든 사법권 내의 법과 규정의 요구 사항을 준수하는 것이 좋다. 또한, 조직의 활동이나 목적에 관련된 모든 법적 의무를 스스로 아는 것이 좋다.

6) 국제 행동 규범 존중

조직은 법치 존중의 원칙을 지키면서 국제 행동 규범[9]을 존중하는 것이 좋다.

법이 국제 행동 규범과 상충하는 국가에서도, 조직은 국제 행동 규범을 가능한 존중하도록 노력하는 것이 좋으며, 만약 법 또는 법의 시행이 국제 행동 규범과 상충하고 국제 행동 규범을 따르지 않는 경우로 인하여 중대한 결과를 야기할 수 있는 상황에서는 적절하게 해당 사법권 내에서 조직

9) 국제 행동 규범(international norms of behavior) : 국제 관습법, 일반적으로 수용되는 국제법의 원칙 또는 보편적이거나 거의 보편적으로 인정되는 정부 간 협정(조약이나 협약 포함)에서 나온 사회적으로 책임 있는 조직의 행동에 대한 기대를 의미하며, 점차 진화한다. – KSA ISO 26000(2012) 참조

의 관계 및 활동의 성격을 충분히 검토하여 진행하는 것이 좋다.

　또한, 조직은 국제 행동 규범을 지키지 않는 다른 조직과 연루되거나 공모되는 것을 회피하는 것이 좋다. 조직은 직접 국제 행동 규범을 준수하였다 하더라도 다른 조직이 법적이든 법적이지 않든 국제 행동 규범을 지키지 않는 잘못된 행동에 대하여 침묵하거나 또는 이로부터 이득을 얻은 경우에는 연루나 공모로 간주될 수도 있다.

7) 인권 존중

　　　　　　　조직의 활동에 있어 기본적으로 인권 존중을 중요시하며, 인권의 보편성 및 중요성을 인식하는 것이 좋다. 조직은 국제 인권 장전[10]에 규정된 권리를 존중하는 것이 좋다.

　인권의 보편성이라 함은 인권은 모든 국가나 서로 다른 문화나 상황에서도 별도로 따로 떼어 적용할 수 없다는 의미이다.

　우리나라의 경우에도 인권 존중과 인권 보호를 위하여 근로 기준법, 남녀고용평등과 일·가정 양립 지원에 관한 법률(남녀고용평등법), 근로자 참여 및 협력 증진에 관한 법률(근로자참여법) 제5장[11], 채용 절차 공정화에 관한 법률(채용절차법), 고용 정책 기본법 제7조[12], 노동조합 및 노동관계조정법 제3장[13]등 법과 규정을 제정, 운용하고 있으므로 조직은 이러한 관

10) 국제 인권 장전 (International Bill of Human Rights)은 인권에 관한 2개의 국제 조약과 1개의 유엔 총회 결의. 즉, 세계 인권 선언, 시민적 및 정치적 권리에 관한 국제 규약 –위키백과
11) 근로자 참여법 제5장 – 근로자의 고충 처리에 관한 사항
12) 고용 정책 기본법 제7조 – 근로자에 대한 취업 기회의 균등한 보장
13) 노동조합법 제3장 단체 교섭 및 단체 협약

계 법령을 준수하도록 하였다. [출처: KSA ISO 26000(2012) 일부 편집]

4. ISO 26000의 7가지 핵심 주제

1) 조직 거버넌스[14]

　　　　　　　조직 거버넌스는 조직의 목표를 추구하는데 의사 결정을 내리고 실행하는 시스템으로 조직 내 모든 의사 결정의 프레임 워크이며 모든 조직의 핵심 기능이라고 할 수 있다. 또한, 조직의 의사 결정과 실행 과정에서 사회적 책임 원칙과 실행 지침에 따르도록 권고하고 있으며, 조직의 규모, 문화, 추구하는 목표에 따라 사회적 책임 경영을 통제하는 시스템이다.

　조직 거버넌스는 조직의 규모나 유형, 활동하는 환경은 물론 경제, 정치, 문화 또는 사회적 구조에 따라 매우 다양하다. 하지만 이러한 시스템은 조직이 목표를 추구하는 과정에서 권한이나 책임이 있는 사람 또는 소유주, 구성원 등의 그룹에 의해 통제된다.

　조직 거버넌스는 조직의 의사 결정 및 활동의 영향에 대해 책임을 지도록 하며, 조직이 사회적 책임을 수행하는 가장 주요한 요인이다.

　모든 조직은 조직 거버넌스를 통해 의사 결정 프로세스 및 구조를 가지고 있다. 이것은 공식적이거나 비공식적일 수도 있으나 법 및 규제의 대상이 되기도 하며 조직의 문화 및 가치에 기초하고 있다. 따라서 모든 조직은 사회적 책임의 원칙이나 관행을 적용하도록 의사 결정에 대한 프로세스나 시스템 또는 다른 메커니즘을 갖추는 것이 좋다.

---

14) 조직 거버넌스(organizational governance) : 조직이 목표 추구를 위한 의사 결정을 내리고 실행하는 시스템 −KSA ISO 26000(2012)에서의 정의

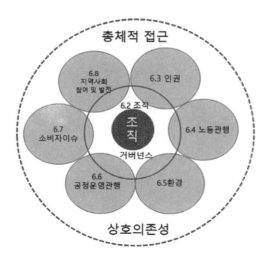

〈그림 4-3〉 7가지 핵심 주제[출처: KSA ISO 26000:2012]

2) 인권

인권은 모든 인간에게 부여된 기본권이다. 1948년 세계 인권 선언(인권 선언)[15]이 UN 총회에서 채택되었으며, 시민권 및 정치적 권리에 관한 국제 규약과 경제적, 사회적 및 문화적 권리에 관한 국제 규약은 1966년 UN 총회에서 채택되어 1976년 발효되었다.

국제 인권 장전은 세계 인권 선언, 시민적 및 정치적 권리에 관한 국제 규약, 경제적, 사회적 및 문화적 권리에 관한 국제 규약, 사형 제도 폐지를

---

15) 세계 인권 선언(Universal Declaration of Human Rights: UDHR) – 1948년 12월 10일 유엔 총회에서 당시 가입국 58개 국가 중 50개 국가가 찬성 채택된 인권에 관한 세계 선언문 (1946년 인권 장전 초안과 1948년 세계 인권 선언과 1966년 국제 인권 규약을 합쳐 국제 인권 장전이라고 함.) 법적 구속력은 없으나 대부분의 국가 헌법 또는 기본법에 그 내용이 각인되고 반영됨. 1966년 국제 인권 규약은 세계 최초로 법적 구속력을 가진 세계적인 인권 관련 국제법임.. –위키백과

목적으로 시민권 및 정치적 권리에 관한 선택 의정서로 구성된다.

추가적으로 국제 인권법은 7가지 핵심적인 국제 인권 선언서가 있으며 인종 차별 제거, 여성 차별 제거, 고문 및 기타 잔인하고 비인간적 또는 모욕적인 대우 혹은 처벌을 예방하고 제거하는 조치, 아동 권리, 아동의 무력 분쟁 관여, 아동 매매와 아동 매춘과 아동 포르노, 이주 노동자 및 그 가족의 보호, 강제 실종으로부터 보호 및 장애인의 권리로 모두 보편적 인권을 위한 토대를 구성한다.

이 국제 인권 선언서는 비준하는 국가에서 구속력이 있으며, 일부 선언서는 선택적 의정서에 기술된 절차상 규칙에 따라 개인적인 불만 제기를 허용하고 있다.

인권에 대한 인식이나 존중은 법치나 사회 정의 또는 공정성과 관련하여 핵심 개념으로 간주되며, 사법 시스템 같은 사회의 핵심 제도의 기본적인 토대가 된다.

그러므로, 국가는 인권을 존중하고 보호하고 실행해야 할 책임 및 의무가 있다. 조직도 조직의 영향 하에서뿐 아니라 관련되는 모든 범위 안에서 인권을 존중해야 할 책임이 있다.

인권은 인간이기에 모든 사람에게 주어져야 한다는 점에서 고유 권한이다. 인권은 지위 고하를 막론하고, 모든 사람에게 주어져야 하는 보편적 권리이며, 선택적으로 무시될 수 없어 분할할 수 없으며, 스스로 포기하도록 하거나, 정부나 다른 권력에 의해서 박탈되거나 양도할 수 없는 권리이다.

조직은 인권 인식을 높이기 위해 인권 교육을 고려하는 것이 좋다. 또한, 인권 존중을 위하여 실질적 또는 잠재적 인권 영향을 식별하고 예방하기 위하여 현장 실사 및 확인을 수행할 책임이 있다.

① **인권 이슈 1: 실사**

인권 존중을 위하여 조직은 조직의 활동이나 조직과 관계있는 사람들의 활동에서 발생하는 실질적이고 잠재적인 인권 영향을 식별하고 예방하며, 처리하기 위해 실사를 수행할 책임이 있다.

② **인권 이슈 2 : 인권 리스크 상황**

극단적인 정치 불안이나 민주, 사법 시스템의 실패, 빈곤이나 가뭄, 심각한 전염병 등으로 인한 보건 위험이나 자연재해 등 조직은 인권 관련 딜레마에 직면하거나, 인권 침해의 리스크가 악화될 수 있는 특정 상황 혹은 환경에 처할 수 있다.

조직은 이러한 상황에서 특별히 주의를 기울여 전반적인 인권 실현을 촉진시키고 방어하는데 기여하면서 조직의 의사 결정을 인권 존중 및 보호라는 일차적 책임에 기초하는 것이 좋다.

③ **인권 이슈 3: 연루/공모 회피**

연루나 공모는 해당 불법 행위를 알거나 그 원인이 되는 의도를 가지고 저지르는 실질적인 영향이 있거나 부작위하는 것을 말하며, 조직이 알면서 인권 침해를 돕는 직접 연루 및 공모 행위, 조직이나 그 자회사 또는 관계사가 타인이 저지른 인권 침해로부터 직접적으로 이득을 보는 행위, 조직이 제도적 또는 지속적인 인권 침해에 대하여 관련 당국에 문제를 제기하지 않는 행위를 포함한다.

조직은 인권을 침해하는 단체나 타 조직에게는 상품이나 서비스를 제공하지 않거나, 인권을 침해하는 파트너와는 공식이든 비공식이든 파트너십을 맺지 않으며, 인권 침해 등 반사회 활동을 하는 조직이나 단체와는 관계를 맺지 않는 것이 좋다.

④ 인권 이슈 4: 고충 처리

조직의 제도가 최적으로 운영된다고 할지라도 조직의 의사 결정이나 내·외부 활동이 인권에 영향을 미칠 수 있으며, 인권을 존중하는 조직은 인권이 침해되었다고 믿는 사람이 구제받을 수 있는 시스템을 구축하는 것이 좋다.

⑤ 인권 이슈 5: 차별 및 취약 집단

차별 금지는 국제 인권법에서 가장 기본적인 원칙으로 차별은 인종, 피부색, 성별, 연령, 언어, 재산, 국적, 종교, 민족, 사회적 출신, 경제 기반, 장애, 임신, 정치적 성향이나 의견, 결혼 여부, 가족 사항, 개인적 관계, 건강 상태 등을 포함하여 대우 또는 기회를 동등하게 주는 것을 의미한다.

조직은 특히 피고용인, 파트너, 고객, 이해관계자 등이 접촉하거나 영향을 미칠 수 있는 모든 이들을 차별하지 않도록 보장하기 위해 주의를 기울여 주는 것이 좋다.

⑥ 인권 이슈 6: 시민권 및 정치적 권리

시민권 및 정치적 권리는 생명권, 존엄하게 살 권리 등 개인의 삶에 대한 자유, 언론 및 표현의 자유, 평화로운 집회 및 결사의 자유, 종교 선택의 자유, 종교 생활 및 신앙의 자유, 프라이버시, 공공 서비스 접근권, 고문으로부터 자유로울 권리, 개인의 자유와 존엄성, 형사상 기소되었을 때 정당한 법 절차에 대한 권리, 항변권, 재산 소유권, 선거 참여권 등이 포함된다.

조직은 모든 개별 시민권 및 정치적 권리를 존중하는 것이 좋다.

⑦ 인권 이슈 7: 경제적, 사회적 및 문화적 권리

자신의 존엄성 및 개인 발전을 위하여 필요한 경제적, 사회적, 문화적 권리는 교육의 권리, 공정하고 유리한 조건에서 일할 권리, 건강에 대한 권리, 본인이나 가족의 적절한 행복 수준을 영위할 권리, 개인이 통제할 수 없는 생계 수단 결핍에 따른 사회적 보호를 받을 권리, 종교 및 문화 관행에 대한 권리 등을 의미한다.

조직은 이러한 권리를 향유하는 것을 제한하거나 방지하거나 또는 지연하는 활동에 개입하지 않음을 보장하기 위해 실사를 하는 것이 좋다.

⑧ 인권 이슈 8: 근로에서의 근본 원칙 및 권리

근로에서의 근본 원칙 및 권리는 기본 인권으로 노동 이슈에 초점이 맞추어져 있다. 여기에는 단체 교섭권과 같은 결사의 자유뿐 아니라, 강제 노동, 고용에 대한 평등한 기회의 제공, 아동노동과 같은 사안이 포함되어 있다.

아동 노동과 관련하여, 1994년 국제노동기구(ILO)[16] 협약은 고용 또는 근로가 허용되는 최저연령은 의무 교육 연령보다 낮아서는 안 되며 어떤 경우라도 일상 근로의 경우 15세 미만보다 낮아서는 안 된다고 정하는 국가법을 위한 프레임 워크를 제공한다.

우리나라의 경우는 근로 기준법상 최저 연령(제64조)은 15세 미만인 자(중학교 재학 중인 18세 미만인 자 포함)를 채용할 수 없으며, 15세 이상 18세 미만인 경우에는 친권자 또는 후견인의 동의를 받아서만 채용할 수 있다. 다만, 15세 미만인 경우에는 대통령령이 정하는 기준에 따라 고용 노동부 장관이 발급하는 취직 인허증[17]이 있어야만 근로자로 채용할 수 있지만,

16) ILO :국제노동기구(International Labour Organization)
17) 취직인허증 : 근로기준법 시행령 제35조(취직인허증의 발급 등)

13세 미만의 경우에는 관련 법률에 의해 예술 공연 참가자에 한해서만 취직 인허증 발급이 가능하도록 하였다.

또한, 18세 미만의 미성년의 경우에는 도덕상 또는 보건상 유해·위험한 사업에 사용하지 못하도록 하였으며, 주당 근로 시간에 대하여도 한계를 정하여 법 규정에 명문화하였다.[18]

3) 노동 관행

노동 관행은 하청 근로자를 포함하여 조직 또는 조직을 대신하여 수행되는 근로와 관련된 모든 정책 및 관행을 포함한다.

국제노동기구(ILO)는 국제 노동 기준을 제정하기 위한 목적으로 설립된 UN 기구이며 착취 및 침해에 기초한 불공정 경쟁을 예방하기 위하여 ILO 기준은 정부, 근로자 및 사용자 간 국제 수준의 3자 협상을 통해 개발되고 투표를 통해 채택되었다.

ILO는 자유, 동등, 안전 및 인간 존엄성의 조건에서 수행되는 일이라고 정의된 양질의 생산적인 일을 얻고자 하는 여성 및 남성을 위한 기회 증대를 추구한다.

일자리 창출은 일을 수행한 근로자에게 지급되는 임금 및 기타 보상뿐만 아니라 조직의 가장 중요한 경제 및 사회 기여 중 하나로 더 나아가 사회에 존재하는 법치 존중 및 공정성에 중요한 영향을 미치고 있다.

18) 근로기준법 제5장 여성과 소년 참조

① 노동 관행 이슈 1: 고용 및 고용 관계

조직은 사회에서 완전하고 안정적인 고용 및 일자리 제공을 통해 근로자의 생활 수준 향상에 기여함으로 고용의 중요성은 보편적으로 받아들여진다. 하지만, 고용 관계는 계약 당사자의 힘이 동등하지 않으므로 피고용인에 대한 더 많은 보호를 필요로 하며, 이것이 국가별 노동법의 근거가 된다.

② 노동 관행 이슈 2: 근로 조건 및 사회적 보호

근로 조건은 근로자와 그 가족의 삶의 질이나 경제 및 사회 발전에 큰 영향을 미치므로 공정하고 적절하게 고려되는 것이 좋으며, 이는 임금, 기타 보상, 근로 시간, 휴게 시간, 휴가 및 휴일, 징계 및 해고, 모성 보호 및 위생 시설, 기타 여러 가지 복리 후생 등을 포함한다.

사회적 보호란 고용상 부상이나 질병, 노령, 실업, 장애, 모성 보호, 의료에 대한 법적 보증 등 인간의 존엄성을 지키고, 사회 정의 구축에 기여하며, 주된 책임은 국가에 있다.

③ 노동 관행 이슈 3: 사회적 대화

경제적이거나 사회적인 관심사나 공통 이해관계에 대하여 정부, 사용자, 근로자 사이에 이루어지는 모든 형태의 협상이나 협의 또는 정보 교환을 포함한다.

사용자와 근로자는 경쟁적이지만 상호 이해관계를 가지고 있어 노사 관계 및 정책 결정, 거버넌스에 중요한 역할을 한다.

④ 노동 관행 이슈 4: 근로에서의 보건 및 안전

근로 관련 질병이나 상해 또는 사망은 사회에 재정적이고 사회적인 큰 부담을 발생시키므로 근로자의 건강에 대한 리스크로부터 보호하고 작업 환경에 대하여 산업 보건 안전 정책을 개발, 실행, 유지하는 것이 좋다.

⑤ 노동 관행 이슈 5: 작업장에서의 인적 개발 및 훈련

인적 개발은 인간의 역량 및 기능을 다양한 프로세스를 통해 확장함으로 사람들의 선택권이 확대되며, 자기 존중, 지역 사회에 대한 소속감, 사회에 기여할 수 있는 의식을 증가시킨다. 조직은 기능 개발, 훈련이나 견습, 경력 발전의 기회를 제공토록 하여 양질의 일자리를 안정시키고, 유지하는 개인 역량을 증진시키는 기회를 제공하는 것이 좋다.

4) 환경

조직은 의사 결정 및 생산을 위해 환경에 영향을 직·간접적으로 항상 미치며, 에너지를 사용하여 생산과 서비스를 진행하고 있어 지구 온난화 및 온실가스를 발생시키고 자원을 사용함으로 조직의 이해관계자는 환경적 책임을 요구하고 있다.

또한, 천연자원의 고갈, 지구 온난화, 서식지 파괴, 생태계 붕괴 등으로 인한 이상 기온 및 집중 폭우 등이 발생하여 여러 지역에서 다발적으로 환경이 파괴되고 있어 환경 파괴가 인간의 삶에 위협 요인으로 작용하고 있는 바, 이해관계자는 환경에 대한 관심이 높아지고 이러한 환경적 책임은 결국 인간의 생존과 번영을 위한 전제 조건으로 부각되고 있다.

ISO 14001(2015) 환경경영시스템 국제 표준은 체계적인 환경 관리를 통해 온실가스 배출량을 줄이고 친환경 제품을 개발하여 미래 블루 오션인 친환경적인 제품의 경쟁력 향상을 요구하고 있다.

따라서 조직은 생산 및 판매 또는 서비스 전 과정을 평가하여 원자재 절감, 프로세스의 경제적 단축, 폐기물 재활용 등 이슈 과제를 선정하여 지속적인 개선으로 환경적 책임을 감당할 뿐 아니라 성과 경영을 통한 제조원가 절감 등 경쟁력 향상을 위한 노력이 필요하다.

① 환경 이슈 1: 오염 예방

조직의 의사 결정이나 활동에서 발생하는 것 즉 납이나 유기 화합물 등과 같이 대기로 배출되는 오염 또는 유출이나 지하수를 통하여 물로 방출되는 오염, 폐기물이나 독성 및 유해 화학물 등 다양한 오염에 대한 예방을 통해 조직의 환경 성과를 개선 할 수 있다.

따라서 조직은 오염 및 폐기물의 발생원을 찾아 인식하고 식별하는 것이 좋다.

② 환경 이슈 2: 지속가능한 자원 이용

조직은 전력, 연료 또는 원재료나 가공 재료, 토지나 물과 같이 재생 가능하거나 재생 불가능한 자원을 책임 있게 이용하는 것으로 에너지 효율, 물 보존 및 사용, 원자재 이용, 제품의 자원 사용 최소화를 통해 지속적으로 효율 향상을 위해 노력하는 것이 좋다.

③ 환경 이슈 3: 기후 변화 완화 및 적응

이산화탄소 등 온실가스 배출은 자연 및 인간 환경에 중대한 영향을 미쳐 기온 상승, 강수 방식 변화, 극단적 기후의 빈번한 발생, 해수면 상승,

생태계의 변화 등 세계 기후 변화의 원인 중 하나가 되었다. 그러므로 모든 조직의 활동은 직접적이든 간접적이든 온실가스 배출의 결과에 책임이 있으며, 어떠한 방식으로든 기후 변화의 영향을 받게 될 것이다.

④ 환경 이슈 4: 환경 보호, 생물 다양성 및 자연 서식지 복원

조직은 환경을 보호하고 자연 서식지나 식량, 물, 기후 조절 등 생태계가 제공하는 다양한 기능 및 서비스를 복원하기 위한 행동을 하는 것이 좋다.

5) 공정 운영 관행

조직은 조직과 조직의 파트너, 공급자, 계약자, 고객, 지역 주민, 협회, 단체, 정부 기관 간의 관계에 있어서 윤리적 경영을 감당해야 하는 공정 운영 관행의 책임이 있다.

조직은 반부패, 공정한 경쟁, 지적 재산권 등을 포함한 도덕적 규범을 준수하고 공정 운영을 감당하는 투명한 경영을 하여야 한다. 반부패 정책을 실행하고 의지를 표명하여 정기적으로 감독하며 윤리 경영을 보장하는 것이 좋다.

예를 들면, 구매 의사 결정 과정에서 잠재적 영향 또는 의도하지 않은 결과를 고려하여 공정 경쟁의 중요성을 교육하고 적절한 실사 및 지속적인 모니터링을 실시하는 것이 좋다.

① 공정 운영 관행 이슈 1: 반부패

부패는 사적인 이득을 취하기 위해 위임받은 권력을 남용하는 것으로 뇌물 수수, 사기, 자금 세탁, 횡령이나 거래에 영향력을 행사하는 것 등을 의미한다.

조직은 부패 리스크를 식별하고, 부패 또는 부당 이득을 방지하거나 대비하는 정책을 수립하고 실행하며 유지하는 것이 좋다.

② 공정 운영 관행 2: 책임 있는 정치적 참여

조직은 공공의 정치적 프로세스를 지원하거나 사회에 전반적으로 이익이 되는 공공 정책 개발을 장려할 수 있으나 부당한 영향력 사용을 금지하고, 허위 정보나 허위 표시 등 조작이나 협박, 강요를 통하여 공공의 정치적 프로세스를 훼손하고자 하는 행위는 금지하는 것이 좋다.

③ 공정 운영 관행 3: 공정 경쟁

광범위한 공정 경쟁은 혁신과 효율을 증가시키며, 제품 및 서비스의 비용을 감소시키고, 모든 조직에 동등한 기회를 보장하며, 장기적으로는 경제 성장 및 생활 수준을 높인다.

조직은 반경쟁적 행위에 관여하거나 연루 또는 공모하는 것을 예방하기 위한 조직 내 규정을 제정하거나 다른 보호 수단을 세우는 것이 좋다.

④ 공정 운영 관행 이슈 4: 가치 사슬에서의 사회적 책임 촉진

조직의 조달 및 구매에 대한 의사 결정은 가치 사슬에서 다른 조직에 잠재적이거나 또는 의도되지 않은 결과로 영향을 미칠 수 있음을 고려하여 부정적인 영향을 회피하거나 최소화하기 위해 적절한 주의를 기울이는 것이 좋다.

⑤ 공정 운영 관행 이슈 5: 재산권 존중

재산권은 세계 인권 선언이 인정한 인권으로 이는 토지 등 물적 자산뿐 아니라 저작권, 특허권, 지리적 표시권 및 기타 권리에 대한 이해관계를 포함하며, 조직은 이를 존중하는 정책 및 관행을 시행하는 것이 좋다.

6) 소비자 이슈

조직의 책임은 설계에서 생산, 판매, 서비스까지 전 과정에 대한 리스크를 최소화하여야 하는 책임이 있으며, 개인 정보 보호를 위한 관리를 하여야 한다.

조직의 소비자에 대한 책임은 제품 및 서비스를 구매한 소비자에게 공정하고 투명한 마케팅, 투명한 계약체결, 자발적인 리콜, 고객 정보 보호 등으로 소비자를 보호하도록 요구받고 있다.

UN 소비자 보호 가이드라인[19]은 1985년 UN 총회에서 합의하여 채택된 소비자 보호 영역의 가장 중요한 국제 문서로서 1999년 지속가능 소비에 관한 조항을 포함하며 확대되었으며, 소비자의 보건 및 안전에 대한 유해 위험(Hazards)으로부터 소비자를 보호하고 소비자 교육 및 지속가능 소비 방식을 촉진하며 소비자 단체를 구성할 수 있는 자유를 보장할 것을 요구하고 있다.

19) UN 소비자 보호 가이드라인: The United Nations Guides for Consumer Protection

UN 소비자 보호 가이드라인은 통상 '소비자 권리'로 불리기도 한다.

ISO 9001(2015) 품질경영시스템에서는 고객 불만을 감소시키기 위해 고객 불만 처리 및 분쟁 해결을 위한 프로세스를 구축하여 운영하도록 규정하고 있으며, 문서화를 통해 지속적인 개선을 요구하고 있다.

① 소비자 이슈 1: 공정 마케팅, 사실적이고 편중되지 않은 정보 및 공정 계약 관행

공정 마케팅은 소비자가 소비 및 구매에 대해 제공받은 정보를 통하여 의사 결정할 수 있도록 제품 및 서비스에 대하여 사실적이고 편중되지 않은 정보를 소비자가 이해할 수 있는 방식으로 제공하는 것이다.

조직은 소비자와 의사소통 시 핵심 정보를 누락하거나 상대를 속이거나 오도, 기만, 불공정, 불명확 등 어떠한 모호한 관행도 참여하지 않는 것이 좋다.

② 소비자 이슈 2: 소비자 보건 및 안전 보호

소비자 보건 및 안전 보호는 제품이나 서비스를 사용하거나 소비할 때뿐 아니라 예측할 수 있는 오용이나 조립 및 유지 보수 시에도, 모든 리스크를 예상하거나 제거할 수는 없지만, 손해의 리스크를 수반하지 않도록 안전 보호 조치를 취하는 것이 좋다.

③ 소비자 이슈 3: 지속가능 소비

지속가능 소비는 지속가능 발전과 일정한 속도로 제품 및 자원을 소비하는 것으로, 현재 소비 속도는 지속가능하지 않은 것이 확실시되며 환경 피해 및 자원 고갈을 초래하고 있다.

조직은 지속가능 소비에 기여하기 위해 제품 및 서비스의 선택이 환경에 영향을 미친다는 것을 소비자에게 알리고, 사회적 또는 환경적으로 유익한 제품 및 서비스를 소비자에게 제공하고 사회 및 환경에 미치는 부정적인 영향을 최소화하도록 하는 것이 좋다.

④ 소비자 이슈 4: 소비자 서비스, 지원과 불만 및 분쟁 해결

제품 및 서비스를 구매하거나 제공받은 소비자의 니즈를 다루는 조직의 메커니즘으로 이는 환불, 수리, 유지 보수뿐 아니라 제품의 설치, 품질 보증 및 사용과 관련된 기술적 지원을 포함한다.

조직은 소비자 니즈를 파악하고 불만을 검토하여 이를 예방하는 조치를 취하는 것이 좋다.

⑤ 소비자 이슈 5: 소비자 데이터 보호 및 프라이버시

조직은 소비자의 데이터 수집 및 이용, 보호를 위해 엄격한 시스템을 적용함으로 데이터 및 프라이버시에 대한 소비자의 권리를 지키는 것이 좋다.

⑥ 소비자 이슈 6: 필수 서비스에 대한 접근

보건 관리, 전기, 가스, 물, 폐수 처리, 통신 등 필수 공익 서비스에 대한 권리가 충분히 보호되지 못하는 지역이나 조건에서 조직은 소비자 또는 소비자 그룹이 요금을 지불하지 않았다고 하더라고 합리적 시간의 기회를 주고 필수 서비스는 중단하지 않는 것이 좋다. 특히 빈곤한 사람에게는 가격 및 수수료를 정할 때, 보조금을 지급하거나 지원책을 마련하고, 모든 소비자 그룹에 차별 없이 같은 품질 및 수준의 서비스를 제공하는 것이 좋다.

⑦ **소비자 이슈 7: 교육 및 인식**

소비자가 제품이나 서비스에 대한 정보를 잘 확인하고 자신의 책임과 권리를 의식할 수 있으며, 정확한 정보에 의한 구매 의사 결정과 책임 있는 소비를 하도록 제품 및 서비스에 대한 유해, 보건, 안전, 환경, 이용 관련 리스크 및 주의 사항 등에 대하여 정확한 정보를 제공하는 것이 좋다.

7) 지역 사회 참여

조직은 조직이 속해있는 지역 사회와 관계가 있다는 것이 널리 받아들여지고 있다. 따라서 조직은 지역 사회 참여 및 발전을 통해 공통의 이해관계를 해결하고 민원 소지를 줄이기 위해 많은 노력을 하고 있다.

조직은 지역 사회 이해관계자를 인식하고 모니터링을 통해 지역 사회와 서로 다른 이해관계로 인한 충돌을 줄이고 지역 사회 발전을 위하여 지역 사회와의 공동 목표를 정하여 공동 목표에 대한 책임을 공유하고, 더 나아가서는 기업과 지역 사회의 동반 성장을 모색해야 한다.

조직이나 기업의 생산 및 여러 기업 활동 과정에서 발생하는 기계 가동 소음, 운반차량 운행으로부터 발생하는 대기오염 등으로 민원 소지를 줄이고, 공동성장을 위해 지역사회 고용증진 문제 및 복지 향상 문제뿐 아니라 더 나아가 지역의 빈곤문제 해결과 지역사회 발전을 위한 책임과 문제에 대한 보상으로 부정적인 영향을 최소화하거나 또는 회피하여 지역사회와 지속가능한 기업으로 존속하기 위한 전략적 CSR 경영이 진행되고 있다.

① 지역사회참여 및 발전 이슈 1: 지역사회 참여

지역사회 참여는 지역사회에 대한 조직의 능동적인 활동이다. 지역사회의 문제를 예방하고 해결하며, 지역 및 지역의 이해관계자와 파트너십을 육성하지만, 사회 및 환경에 대한 영향에 대해 책임져야 할 니즈를 대신하지는 않는다.

조직은 지역에 대한 투자 및 발전 활동의 우선순위를 전할 때는 지역사회의 대표적인 그룹과 협의하는 것이 좋다. 다만, 취약집단이나 주변 그룹, 대표성이 없거나 대표성이 적은 그룹에도 관심을 가지며, 그들의 권리가 존중되는 것을 돕는 방식으로 참여시키는 것이 좋다.

② 지역사회참여 및 발전 이슈 2: 교육 및 문화

교육 및 문화는 사회나 경제발전의 토대로 문화 보존 및 촉진, 인권 존중 등과 병행하는 교육 촉진은 사회 화합 및 발전에 긍정적인 영향을 미친다.

조직은 모든 수준의 교육을 촉진하고 지원하며, 교육의 질 및 접근성을 높이고, 취약 집단이나 차별받는 그룹에 학습기회를 부여하며, 인권교육이나 인식제고 교육을 고려하는 것이 좋다.

③ 지역사회참여 및 발전 이슈 3: 고용창출 및 기능 개발

지역사회에서의 고용창출은 지역의 빈곤감소와 사회 발전 촉진에 기여한다. 기능 개발은 고용촉진 및 직원의 상향화를 위한 지원의 필수요소이며 경제 및 사회 발전에 중요하다.

조직의 투자 의사결정이 지역 고용창출에 긍정적 영향을 주며, 경제적으로 실행 가능하다면, 고용을 창출하고 빈곤을 해소하는 직접투자를 하는 것이 좋다.

④ 지역사회 참여 및 발전 이슈 4: 기술개발 및 기술 접근성

조직은 인적 자원 개발 및 기술 확산을 촉진하기 위해 전문 지식, 기능 및 기술을 적용하여 지역사회의 발전에 기여할 수 있다.

지역사회에 대한 사회 및 환경 이슈를 해결할 혁신적 기술 개발에 기여하거나 지역사회의 파트너와 과학 및 기술 개발 제고를 위해 대학 또는 지역의 연구실험실 등과 파트너십 구축을 고려하고, 가능한 한 지역주민을 고용하는 것이 좋다.

⑤ 지역사회 참여 및 발전 이슈 5: 부 및 소득의 창출

경쟁적이며 다양한 조직은 어느 지역사회에서든지 부를 창출하는 데 중요하다. 또한, 부 및 소득 창출은 경제 활동으로 인한 이득을 공정하게 분배하는 것도 매우 중요하다.

조직은 지역사회의 경제 및 사회복지를 촉진하고, 지역사회 이득을 창출해내는 경제적 자원 및 사회적 관계를 강화하며, 기업가정신 프로그램, 지역공급자 발전 및 지역사회 구성원 고용을 통해 부 및 소득 창출에 긍정적으로 기여하는 것이 좋다.

⑥ 지역사회참여 및 발전 이슈 6: 보건

보건은 사회에서 필수요소이며, 중요한 인권으로 공공보건의 위협은 지역사회에 심각한 영향을 미치거나 발전을 방해할 수 있다.

조직은 보건에 대한 권리를 존중하며, 조직의 수단 내에서 보건 증진, 보건 위협, 질병 예방 및 지역사회의 피해 완화에 기여하는 것이 좋다.

⑦ 지역사회참여 및 발전 이슈 7: 사회적 투자

사회적 투자는 조직이 지역 사회의 사회적 측면을 개선시킬 목적으로 교육, 훈련, 보건 관리, 소득 창출, 기반시설 개선 또는 개발, 정보 접근성 개선 등 기타 경제 또는 사회 발전을 촉진하고자 하는 프로젝트를 말한다.

조직은 사회적 투자 프로젝트를 기획함에 있어 지역사회 발전을 고려하며 지역조달 또는 지역 아웃소싱을 늘림으로 지역 구성원의 기회를 넓히는 것이 좋다.

ISO 26000(2010)의 7가지 핵심 주제와 쟁점은 아래 〈표 4-2〉와 같다.
(출처: KSA (ISO 26000: 2012 일부 편집)

〈표 4- 3〉 사회적 책임의 핵심 주제 및 쟁점[20]

번호	핵심 주제	이슈
1	조직 거버넌스 (Governance)	
2	인권	1. 실사 2. 인권 리스크 상황 3. 연루/공모 회피 4. 고충 처리 5. 차별 및 취약집단 6. 시민권 및 정치적 권리 7. 경제적·사회적 및 문화적 권리 8. 근로에서의 근본원칙 및 권리
3	노동 관행	1. 고용 및 고용관계 2. 근로 조건 및 사회적 보호 3. 사회적 대화 4. 근로에서의 보건 및 안전 5. 작업장에서의 인적 개발 및 훈련

20) KS A ISO 26000:2012에서 참조

4	환경	1. 오염 예방 2. 지속가능한 자원 이용 3. 기후변화 완화 및 적응 4. 환경보호, 생물 다양성 및 자연 서식지 복원
5	공정운영 관행	1. 반부패 2. 책임 있는 정치적 참여 3. 공정 경쟁 4. 가치사슬에서의 사회적 책임 촉진 5. 재산권 존중
6	소비자이슈	1. 공정마케팅, 사실적이고 편중되지 않은 정보 및 공정 계약 관행 2. 소비자의 보건 및 안전 보호 3. 지속가능 소비 4. 소비자 서비스, 지원과 불만 및 분쟁 해결 5. 소비자 데이터보호 및 프라이버시 6. 필수 서비스에 대한 접근 7. 교육 및 인식
7	지역사회 참여	1. 지역사회 참여 2. 교육 및 문화 3. 고용 창출 및 기능 개발 4. 기술 개발 및 기술 접근성 5. 부 및 소득 창출 6. 보건 7. 사회적 투자

5. 이해관계자의 중요성

이해관계자는 견해에 따라 분류의 차이가 있을 수도 있으나 일반적으로 내부 이해관계자와 외부 이해관계자 둘로 분류한다. 내부 이해관계자는 노동자, 주주, 노동자 가족, 공급업체 등으로 조직은 이해관계자에 대하여 경제적 책임이 있으며, 외부 이해관계자는 정부, B2B 고객, B2C 소비자, 대중, 정부, 언론사, 시민사회와 지구 등 환경에 대하여 사회적 책임과 환경적 책임이 있다고 할 수 있다.

내부 이해관계자와 외부 이해관계자 및 경제적, 사회적, 환경적 책임으로 분류해보면 아래 〈그림 4-4〉와 같다.

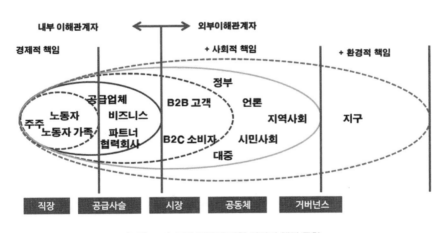

〈그림 4-4〉 조직 전반에 걸친 사회적 책임 통합

이해관계자는 조직의 CSR 경영에 직간접적으로 영향을 미치고 있어 CSR 경영에 있어서 모니터링을 통한 리스크를 사전에 파악하여 개선하므로 위기를 기회로 전환하여 조직의 경쟁력을 높이는 계기로 발전시키는 전략이 필요하다.

일반적인 기업은 자원을 소모하여 미세먼지 등과 같은 공해를 발생시키며, 에너지 사용으로 온실가스를 발생시켜 환경에 많은 영향을 미치고 있으며, 사회적·환경적 문제를 지속적으로 야기 시킬 수 있기 때문에 이해관계자는 기업에 대하여 경제적, 환경적, 사회적 책임에 대한 요구가 점차 높아지는 경향을 보이고 있다. 따라서 중소기업은 CSR 경영 활동을 통해 이해관계자의 사회적 기대치에 근접하도록 이해관계자를 상시 모니터링하여 지속적으로 대책을 준비하고 실행해 나가는 것이 필요하다. 이것을 전략적 CSR경영이라고 한다.

조직의 사회적 책임 활동 중 개별 이해관계자나 이해관계자 그룹과 조직과의 관계에서 의견 불일치와 같은 갈등을 겪을 수 있다. 이러한 갈등의 문제를 해결하기 위해 조직은 해결 메커니즘을 개발하는 것이 좋다. 해결 메커니즘은 해당 이해관계자와 직접 논의하거나 오해를 해결하기 위한 정보 제공, 해결책 모색을 위한 포럼 개최, 공식적인 불만 접수 채널 구축, 갈등 미해결 시 또는 증폭 시 조정 또는 중재절차, 고충처리해결을 위한 여러 가지 다른 유형의 절차들을 포함할 수 있다.

5.
중소기업의 CSR 경영 과제

1. 중소기업 CSR 경영 관련 현황

중소기업이란 중소기업 기본법 제2조 및 동시행령에 따라 자산총액이 5천억 미만이고 평균매출액은 중소기업 규모 기준 의복 및 가죽 제조업, 1차 금속, 전기장비제조업은 1,500억 이하, 금속가공, 전자부품, 화학제품, 자동차부품 등은 1,000억 이하, 의료, 정밀 광학기기, 그밖의 제품 제조는 800억 이하, 산업용 기계, 기술서비스업은 600억 이하, 부동산, 숙박, 사회복지서비스업은 400억 이하를 중소기업으로 분류하고 있다. 2014년 기준으로 중소기업은 사업체의 99.9%, 고용인원의 87.9%를 차지하고 있으며, 전체 생산의 48.3%를 차지하고 있는 기업생태계의 핵심구성원으로 구성되어 있어 경제성장과 고용창출에 있어서 주역으로 산업을 견인하고 있으므로 중소기업 육성이 무엇보다 중요한 것이다.[21]

하지만, 중소기업의 CSR 현황[22]을 파악해 보면 기업의 사회적 책임은 대기업 영역으로만 인식되어온 수준이며, 중소기업의 CSR 경영은 매우 미흡한 수준이다. 통계상으로도 중소기업 CSR 실태조사에서 CSR 경영에 대한 인지도는 2011년 84% 수준에서 2015년 93.6% 수준으로 많이 개선되었으며 CSR 경영 추진율(추진기업 수/인지기업 수)은 2011년 31.8%에서 2015년 47.4%로 많이 개선되었으나 CSR 경영의 필요성을 인지하면서도 아직 CSR 경영을 추진하고 있는 기업이 절반에도 미치지 못하고 있는 것이 현실이다. 기업규모별로 보면 100인 이상 기업의 추진율이 2011년 58%에서 2015년 66.7%로, 100인 미만 기업의 추진율이 2011년 7%에서 2015년 40%로 큰 폭으로 개선은 되었지만 기업의 규모가 작을수록 CSR

21) 중소기업 사회적 책임 추진현황 및 과제, 김성식, 이영면, 2016, 한국윤리경영학회
22) 사회적 경영 중소기업 육성기본계획 (2016)- 중소기업청 고시 제2016-65호

경영을 추진하고 있지 못한 상태이다.

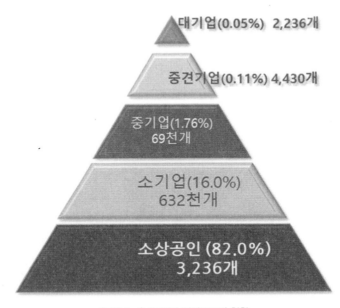

〈그림 5-1〉 2018년 기업규모별 현황
출처: 영리법인 기업체 행정통계-통계청(2018)
소상공인 현황-소상공인 진흥공단(2018), 편집·가공

또한, CSR 경영에 관련된 활동을 한다고 하지만, CSR 경영 관련 활동
이 대부분 사회봉사 수준 또는 경제적이거나 법적인 책임 이행수준에 머
무르고 있는 상태이다.

중소기업 중앙회에서 2013년 10월 10일부터 14일까지 5일간 사회공헌
활동을 하는 중소기업 305개사 대상으로 설문조사(중소기업 협동중앙회,
2013)를 실시한 결과 사회공헌 내용은 기부금 87.8%, 자선구호 39.1%로
나타남으로 중소기업의 CSR의 방향을 나타내었다.

CSR 경영을 주관하는 업무주체는 CEO 52.5%, 경영기획 관련 부서
35.7% 수준으로 중소기업은 경영자 마인드가 중소기업 전략적 CSR 도입

에 중요한 역할을 하고 있음을 또한 알 수 있었다.

사회공헌 활동을 하고 있지만, 기업경영에 도움이 된다고 생각하는 정도에 대한 질문에 '도움이 된다'가 53.1%, '도움이 안 된다'가 46.9%로 유사하게 나타났으나 CSR 경영으로 인한 사회공헌 활동이 기업경영에 도움이 된다고 하는 인식은 불과 절반을 겨우 넘는 수준으로 적었다. 아울러 CSR 활동에 대하여는 비용으로 인식하는 측면이 강한 것으로 나타났다.[23]

23) 중소기업 사회적 책임 추진현황 및 과제, 김성식, 이영면(2016)

2. 중소기업 CSR 경영 구분

CSR 경영은 〈그림 5-2〉와 같이 크게 3영역으로 구분하여 생각할 수 있다. 첫째는 소극적인(수비적인) 영역에서 CSR 경영에 대한 관심이 없고, CSR에 대한 이해도도 낮아 대기업이나 하는 것으로 생각하는 영역이 있다. 이는 영역 I로 영세한 소상공인과 수익성이 낮은 중소기업이 위치하고 있다. 특히 소기업 중에서도 상시근로자 5인 미만인 기업 대부분이 이 영역에 속해 있다. 노무라 종합연구소[24]에서는 I영역을 수비적 영역으로 구분하여 CSR에 대한 관심이 없는 미래 전략이 부족한 기업군으로 분류하고 있다.

영역 II는 CSR 경영에 관심이 있으나 CSR 경영에 대하여 이해가 부족하고 대기업이나 다국적기업으로부터 직·간접적으로 압력을 받아 공급망(Supply Chain) CSR 경영이 필요한 중소기업이 위치하고 있는 영역이다. 이 영역II에 속한 기업은 CSR 경영을 추진하려는 의지는 있으나 기업의 역량부족으로 기업 활동에 CSR 경영을 적용하는 데 어려움을 느끼는 기업군으로, CSR 외부전문가의 도움을 받으면 단계적으로 전략적 CSR 경영을 추진할 수 있는 중소기업군이다. 노무라 종합연구소는 이 영역의 기업군을 CSR 비용을 투자비용으로 생각하기 시작하는 기업으로 본다. 단기적으로는 기업성과에 영향이 미흡하지만, 장기적으로는 발전 가능성을 큰 기업으로 분류하고 있다.

---

24) 1965 노무라증권에서 독립. 일본 최초의 민간싱크탱크이며, 일본 최대의 경영컨설팅 회사
   −위키백과

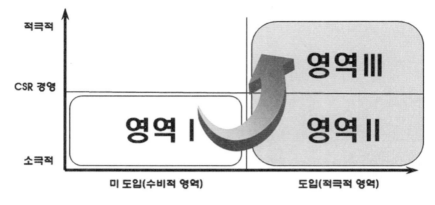

〈그림 5-2〉 CSR 경영 도입 여부에 따른 영역 구분

영역 Ⅲ은 CSR 경영을 통해 내실화를 이루고, 이해관계자 만족을 통해 리스크 요인을 모니터링하여 적극적으로 CSR활동을 실천하는 이상적인 기업군이다. 이를 획기적으로 개선하여 글로벌 기업으로 성장을 모색하는 기업들이 있다. 노무라 종합연구소에서는 이 영역을 전략적 CSR 경영 기업이 있는 영역으로, 이해관계자들의 위험요인을 기회적으로 핵심사업과 연계하여 진행하는 영역으로 스마트한 기업으로 성장 가능성이 큰 기업으로 분류하고 있다.[25]

이 도표에서와 같이 분석결과 CSR 경영을 양적으로 확산(Ⅰ영역 --)Ⅱ 영역으로)하거나 질적으로 내실화(Ⅱ영역 --〉 Ⅲ영역으로)를 추진하는 데에 영향을 미치는 요소는, 외부적 여건으로는 국가나 지방자치의 정책이나 제도적인 인프라구축 및 지원을 들 수 있으며, 내부적 여건으로 양적 확산에 CEO와 임직원의 CSR에 대한 기대치 및 이해도와 같은 인식제고가, 질적 내실화에 있어서는 인력이나 예산 또는 파트너십 등 기업의 역량이 중요한 여건으로 파악되었다.

25) 자료 일부인용: 사회적 책임 경영 중소기업 육성 기본계획(2016. 10. 관계부처합동)

중소기업에서는 보편적으로 공급망 CSR 경영이 진행되고 있다. CSR활동을 기부나 자선활동으로 생각하는 경향이 높아 전략적 CSR 경영을 핵심사업과 연계하여 지속가능경영보고서 발간으로 이어지는 전략적 CSR 경영 활동은 아직까지 매우 부족한 실정이다. 중소기업은 대외적으로 위험 요소를 모니터링하여 기회적인 개선으로 기업 이미지와 브랜드 가치를 높이고 있으며, 좋은 인재를 채용하여 기업의 경쟁력을 높이기 위한 노력이 필요하다.

최근에는 SRI(Socially Responsible Investment)[26]가 도입되면서 투자에 대한 관심이 CSR 활동 여부까지 연결하여 판단하는 투자자가 증가되고 있지만, 중소기업의 적극적 대응은 아직까지 부족한 실정이다.

활동적인 CSR 경영을 하는 중소기업은 CSR 전담부서와 담당자를 배정하여 업무를 체계적으로 관리하면서 질적 내실화를 위한 이해관계자 니즈를 파악하여 기회적인 경영으로 경영성과를 높이고 있다. 중소기업의 CSR 경영의 동기(Motivations)는 다양한 이해관계자들의 요구에서 시작된다고 생각할 수 있으며, 가장 큰 요인은 대기업과 다국적기업에서 직·간접적인 압력으로 시작되는 것으로 밝혀지고 있다(「사회적 책임의 과거, 현재 그리고 미래」, 군산대. 이의영, 일부 인용).

중소기업이 CSR 경영을 도입하고 실행하는 데에는 많은 비용이 소요된다고 인식하고 있으나 사전에 리스크 요인을 발굴하여 개선하게 됨으로 실패비용을 줄이게 되어 기업은 더 큰 비용을 줄이게 될 뿐 아니라 오히려 기업의 이해관계자 만족을 통해 기업의 지속가능성을 높이는 것을 전략적

---

26) 일반적인 투자는 기관(개인)투자가가 재무적 관점만을 중시하는 투자인 반면에, 사회책임투자(SRI)는 비재무적 요소인 환경적(Environmental), 사회적(Social) 혹은 거버넌스(Governance) 요소(흔히 ESG라고 통칭함)를 재무적 요소와 함께 고려하는 투자임 – 한국사회책임투자포럼

CSR 경영의 큰 장점이라고 할 수 있다. 따라서 CSR 활동비용을 투자로 생각하여 중소기업은 실천 가능한 과제부터 단계적으로 발전시키는 것이 무엇보다 중요할 것이다.[27]

---

27) 중소기업 사회적 책임 추진현황과 과제, 김성식·이영면(2016), 한국윤리경영학회 춘계학술대회, 일부 인용

3. 정부정책 방향의 이해

　　　　　　산업발전법에 따라 정부는 지속가능 경영 5개년 종합시책을 수립하고, 연차별 세부계획을 수립하였다. 중소벤처기업부는 관계부처와 2016년 10월 '사회적 책임 중소기업 육성 기본계획(2017~2021)'을 발표하여 CSR 컨설팅 및 지원에 나서고 있다. 그 주요 내용은 △CSR 인식개선 캠페인 △중소기업 CSR 연례행사 추진 △사회적 책임 모범 소상공인 발굴 및 포상 △CSR·CSV 실천 아이디어 공모전 실시 △CEO 및 임직원 대상 CSR 교육 등이 포함되었다.

　또한, '사회적 가치'를 반영한 평가가 점차 봇물이 터지듯 할 것으로 예상되어 2020년대 이후에는 정부 및 기업의 패러다임 전환기로 볼 수 있다. 최근 '사회적 가치'를 반영한 평가가 여러 부문에서 포함되어 시행되면서 정부 및 기업이 발 빠른 대응에 나서고 있다.

　중소기업 육성 기본계획은 사회적 책임을 다하는 건전한 중소기업 육성, 기업이 스스로 CSR 경영을 실천할 수 있는 여건 조성을 목표로 하며, 중소기업을 중심으로 아래와 같이 3대 전략을 제시한다.[28]

1) 전략1: 중소기업의 CSR 경영 신규도입 촉진(ⅠⅠ→)Ⅱ)

　　　　　　CSR 경영 미도입 기업들의 참여의지를 제고하고,

---

28) 중소기업청 고시 제2016-65호 사회적 책임경영 중소기업 육성 기본계획 (2017~2021)

CSR 이해도를 높일 수 있도록 CSR에 대한 저변확대를 실시한다.

① CSR 경영에 대한 인식전환 유도

협회, 단체나 중소기업 중앙회, 유관 기관과 협력하여 기업의 성과 창출이나 리스크 관리에 CSR 경영이 도움이 됨을 적극적으로 홍보하며 캠페인을 실시하고, CSR 경영 도입 촉진을 위한 실천운동을 전개한다. 예를 들면, 청년고용캠페인이나 서면 근로계약서 작성, 최저임금 준수, 임금 체불 예방 등을 들 수 있다.

② 교육을 통한 CSR 이해도 제고

창업선도대학, 청년창업사관학교, 글로벌 창업 활성화, 기업가정신, 청년 기업가 정신 재단 등 창업교육과정에 CSR 교육을 필수로 포함하도록 하며 대학 기술사관 육성사업단 및 산학 맞춤 기술 인력 양성대학 등에 CSR 과정을 신설하고, 일반대학에서 운영하고 있는 최고경영자과정에 CSR 경영을 포함하도록 독려하며, CSR 센터나 중진공 연수원을 통해 CSR 교육을 실시한다.

2) 전략2: CSR 경영 도입 중소기업의 역량 제고(II---〉III)

CSR 경영을 도입한 기업의 실천 역량 강화를 위해 CSR 활동에 대해 단계별 대책을 마련하고 다양한 이해관계자 간의 협업을 활성화한다.

① 개별기업지원: CSR 단계별 역량 강화

첫 번째로 중소기업의 CSR 경영 수준을 측정하기 위한 핵심 성과지표 (KPI)를 개발하고, 점차 기업규모 또는 업종별로 세분화를 추진하며, 비즈니스 지원단을 활용하여 CSR 경영에 대한 애로사항을 무료로 상담 또는 방문하여 문제를 해결하도록 추진한다.

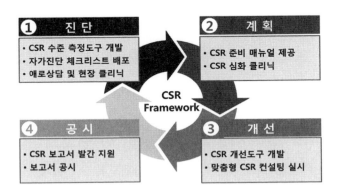

〈그림 5-3〉 단계별 역량 강화

출처: 중소기업청 고시 제2016-65호: 사회적 책임경영 중소기업 육성 기본계획 (2017~2021) 고시

두 번째로 중소기업들이 체계적으로 CSR 경영 추진계획을 수립할 수 있도록 준비매뉴얼을 개발하고 온라인으로 배포하도록 한다. 이 매뉴얼에는 기업의 초기 CSR 경영 추진계획 수립을 위한 CSR의 기본구조 및 추진단계, 실천항목 등을 포함하도록 한다.

세 번째로 외부로부터 CSR 경영이나 CSR 경영의 개선활동을 요구받는 경우 해당 기업에 적합한 컨설팅을 제공하도록 한다.

또한, CSR 경영 공시를 위해 CSR 보고서(지속가능 경영보고서) 작성지침 및 약식 보고서 프로토 타입[29]을 보급하여 중소기업이 쉽게 CSR 보고서

29) ISO 26000, GRI 등 CSR 국제규범을 기반으로 한 중소기업형 표준 지속가능 경영보고서 양식

를 발간할 수 있도록 촉진하며, 본 보고서를 투자자, 고객사, 소비자들이 용이하게 인지하고 확인 또는 활용할 수 있도록 자율공시 및 연계 서비스를 제공한다.

② 이해관계자 간 협업을 통한 파트너십 역량보강

공급망 CSR 지침을 개발 보급하여 협력사들의 CSR 경영을 촉진시키며 위탁기업은 협력사들의 CSR 경영 개선을 지원하고, 각종 협력사업을 수행하며 정부는 위탁기업에 대한 평가 우대 및 공공조달, 정부R&D 참여 우대, 법인세 세액공제, 지정기부금 인정, 소요자금 지원 등 인센티브를 제공하도록 한다.

또한, 지역기업 및 유사기업 상호 간에 CSR 멘토링 및 협업을 활성화하여 노력이나 비용을 절감하고 효과는 극대화되도록 추진한다.

3) 전략3: 중소기업 친화적 CSR 인프라 조성

중소기업 맞춤형 CSR 조사 연구, CSR 센터 활성화, 인센티브 제도 도입 등을 통해 중소기업의 지속가능성 및 경쟁력을 제고토록 한다.

① CSR 조사연구 및 전문가 양성

중소기업 CSR 경영 실태조사의 품질 및 신뢰성을 높이도록 개선책을 마련하고 CSR 통계 및 우수 사례, 연구자료 및 해외동향 등 CSR과 관련된 정보 및 자료를 발굴하여 수집하고 Database화하여 온라인 등으로 제공할 수 있도록 한다.

또한, 중소기업 CSR 경영을 체계적으로 지도하고 교육할 수 있는 전문 컨설턴트를 지속적으로 양성한다. 이를 위해 컨설팅 대학원 내 CSR 경영 컨설팅 과정 개설을 유도하고, 경영지도사 자격제도에 CSR 경영을 시험과목으로 포함토록 추진한다.

CSR센터의 안정적인 운영여건을 마련하여 장기적이고 체계적으로 중소기업 CSR 경영 확산을 지원토록 한다.

② CSR 경영 추진 인센티브

직접적인 인센티브로는 메인비즈 제도 개편으로 CSR 실천기업(가칭)제도를 신설하고 다른 제도와 연계하여 자금·인력·판로·수출R&D 등과 관련된 다양한 우대사항을 제공토록 하며, 마케팅에 마크를 부착(라벨링)토록 허용한다.

간접적인 인센티브로는 동반 성장지수 평가 시 우대하며, 공공조달 내 CSR 요소를 강화하여 CSR 우수 중소기업을 우대토록 한다. 또한, 중소기업들의 사회책임투자(SRI)가 확대되도록 유도하여 기업들이 적극적으로 CSR 활동보고서를 공시하도록 촉진한다.

기타, 향후 추진계획으로 CSR 경영 확산을 위한 제도 마련에 대한 계획 수립, 진도 및 성과 점검을 총괄적으로 수행하기 위한 중소기업 CSR 경영 확산위원회를 구성 운영토록 한다.

중소기업 육성 기본계획 중 3대 전략을 다시 한 번 정리하면, 최근 CSR 생태계 조성을 통한 지속가능형 중소기업 확산방안으로서 중소기업 CSR 경영 신규도입 촉진, CSR 경영도입 중소기업 역량 제고, 중소기업 친화적

CSR 인프라 조성 등이다. 이는 기업이 이윤추구과정에서 각종 사회, 환경적 문제를 발생시키거나 영향을 줌으로 사회적 책임경영이 사회적으로 관심이 점차 높아지고 있어 건전한 기업문화 확산과 CSR 경영 역량 제고, 사회·환경적으로 상생하면서 지속가능한 CSR 경영생태계를 구현하기 위해 노력하는 것으로 정부에서 기본계획을 수립하고 단계적으로 추진하고 있다.

또한, 현 정부에서도 주요 국정과제로서의 CSR이 강화되고 있다. 정부는 '사회적 가치'를 '사회적 경제와 기업의 사회적 책임(CSR) 실현'으로 정의하고, 이를 공공기관 평가와 민간 기업 역할에 반영할 것을 강조했다.

정부의 CSR 압박이 점차 거세질 것이며, 산업계를 향한 정부의 CSR 드라이브가 강화될 전망이다. 현 정부 100대 국정과제에서 〈표 5-1〉과 같이 CSR을 강화하는 정책들이 곳곳에서 발견되고 있기 때문이다. 주요 키워드로는 ▲사회적 가치 실현 ▲지배구조 개선 ▲사회책임 투자 확산 ▲상생 드라이브 ▲지속가능 경영 강화 등을 꼽을 수 있다.

〈표 5-1〉 현 정부의 CSR 관련 주요 추진 과제

주요 키워드	세부 추진계획
사회적 가치 실현	−공공기관 사회적 가치 반영한 경영평가 실시 −공공기관 공시시스템 정보공개 확대, 경영정보시스템 고도화 −공공기관 감사 독립성 강화, 노동이사제 도입 등 지배구조 개선
지배구조 개선	−다중대표소송제, 전자투표제·집중투표제 의무화 추진 −스튜어드십 코드(기관투자자 책임 강화를 위한 의결권 집행지침 도입) −기업의 주식 및 이익 일부를 근로자와 공유하는 '미래 성과 공유제' 도입
사회책임 투자 확산	−국민연금 기금운용위원회 상설화, 의사결정과정 및 투자 내역 공시 강화 −사회책임 투자 원칙에 입각한 주주권 행사 강화 추진 −사회적 가치 반영한 사회 책임조달 체계구축
상생 드라이브	−대·중소기업 이익 공유하는 협력 이익 배분제 모델 개발 −중소기업단체 불공정행위 신고센터 설치 −보복조치에 대한 제재강화 및 징벌적 손해배상제 확대
지속가능 경영 강화	−정부 차원의 지속가능 경영 종합시책 5년마다 수립(산업발전법 개정안 통과) −지속가능 경영 기본방향 및 목표를 종합시책에 추가, 연차별 시행계획 수립 −2030 지속가능 발전 국가 목표 비전·이행전략 수립

출처: 더나은미래(futurechosun.com) 2017. 12. 28.

4. 기업의 사회적 책임(CSR) 경영의 방향설정

1) 중소기업의 CSR 경영활동 유형

중소기업의 사회적 책임(CSR) 유형화 자료(경기도 의회, 경기도 기업 사회적 책임(CSR) 확대방안(2016))를 기초로 하여 중소기업이 CSR 경영을 추진함에 있어 기업의 경영전략과 기업 특성을 고려하여 추진 가능한 CSR 경영활동 유형을 택할 수 있을 것이다.

〈표 5-2〉 CSR 경영 활동 유형(예시)

분류기준	CSR 경영활동 유형	해당 기업의 선택유형
의사결정 주체	자선기부 직접사업 협력사업	
기업의 규범준수	경제적 책임 법적 책임 윤리적 책임 자선적 책임	
커뮤니티 애착도	순수한 사회공헌활동 타협활동 상징적 사회공헌활동	
접근방식	기업자선 직원 자원봉사 공익 관련 마케팅 소외계층 지원	

구성요소	마케팅 커뮤니케이션활동 공익사업활동 기부협찬활동 자원봉사활동	
소비자 관점	사회공헌(기부) 지역·문화사업 소비자 보호 환경보호 경제적 책임	
소비자 선호유형	자립지원 기회제공 순수목적 상호보완	
대상에 따른 분류	사업 측면 구성원 측면 고객 측면 사회 측면	
마케팅 관련 유무	공익마케팅 공익연계마케팅 사회마케팅 지역사회 자원봉사 사회공헌활동 사회책임 경영 프랙티스	
CSR의 개념	전통적 CSR 전략적 CSR	

출처: 경기도 의회, 경기도 기업 사회적 책임(CSR) 확대방안(2016)

2) 중소기업 CSR 경영 도입 결정기준 및 검토항목

        중소기업이 CSR 경영을 도입하기 위해서는 기업의 업종, 매출규모, 업력, 근로자 수 등 상황을 고려하여 도입 여부를 결정하게 된다. CSR 경영이 기업에 미치는 영향, 개선의 필요성, 투자 대비 효과를 사전에 평가해 보아야 하며, 도입 후 실천 가능성을 고려해 보아야 할 것이다.

       또한, 중소기업이 CSR 경영을 도입하기 위해서는 기업의 업종, 매출규모, 업력, 근로자 수 등 상황을 고려하여 도입 여부를 결정하게 된다. CSR 경영의 개선과제를 선정하기 위해서는 최종 결정하기 전에 먼저 기업이 실천 가능한 과제만을 대상으로 〈표 5-3〉와 같은 평가기준 항목(예)을 고려하여 평가한다. 평가기준은 통상 4~5개 이내 항목으로 하며, 항목이 많아지면 선정된 개선과제가 필요한 전략에 더 근접할 수 있겠지만, 평가하기가 훨씬 더 어렵거나, 대상 과제별 평가 결과의 변별력이 떨어질 수도 있다. 반대로 평가기준 항목이 너무 적거나 가중치가 한 개 또는 일부에 편중되면 일부 항목의 평가결과에 따라 개선 과제가 선정될 수 있어 개선 과제를 잘못 선정하는 오류를 낳기도 한다.

〈표 5-3〉 개선과제 대상 평가기준(안)

개선과제	평가기준	세부 내용	가중치
영역별 경제적, 사회적, 환경적 과제	사업영향도	경영목표 달성에 미치는 영향	25%
	개선 시급성	과제실현의 시급성	25%
	이해관계자 관심도	이해관계자들의 관심 정도	25%
	투자의 효과성	예상투자에 대한 기대효과	25%

이러한 트렌드는 기업에 많은 시사점을 제시하고 있다. 기업이 제품과 서비스로만 평가되던 시대는 지나갔다. 기업의 활동이 사회와 환경에 미치는 영향에 대해 다양한 이해관계자가 주목하고 있다. CSR이 전 세계적으로 법과 제도, 자발적 이니셔티브 등 다양한 형태로 강화되면서 글로벌 경영 환경이 변하고 있다.

〈표 5-4〉 CSR 경영 도입 우선순위 검토대상 세부항목

항목	세부 항목
기업의 사회적 책임(CSR) 이해도	
기업의 사회적 책임(CSR) 중요성	
기업의 사회적 책임(CSR) 중요 우선순위	고용창출 등 경제적 책임 이행
	경영활동을 통한 사회문제 해결
	자선단체 기부, 소외계층 지원 등의 사회공헌 활동
	법 준수, 성실 납세 등 법적 의무 조항
	안전한 제품개발과 소비자 권익보호
	종업원 근로조건 향상
	고객사와의 공급망 CSR 관련 활동
	지역사회 공헌 활동
	좋은 제품을 저렴한 가격으로 공급
기업의 사회적 책임(CSR) 기대효과	경쟁력 확보
	기업 홍보, 이미지 개선
	기업 리스크 감소 및 관리
	직원 애사심 증대
	매출 향상
	우수인재 채용
	자금조달 여건 개선
	규제 당국과의 마찰 감소
	우수협력업체와의 거래기회 제공

이제 기업은 CSR이 경영전략 중 하나가 아닌 기업 가치의 일부라는 인식전환이 필요하다. 선진국에서는 CSR 이행 여부가 기업 가치를 측정하는 척도가 되었고, 신흥국에서도 CSR이 제도화되고 있다. 진정성 있는 CSR 활동은 기업이 사회적 신뢰를 쌓고 향후 발생 가능한 리스크를 예방하는 것은 물론 해외시장 진출에도 필수적인 요소가 되었다. 기업은 CSR에 대한 인식전환을 위해서 'CSR 커뮤니케이션'에도 보다 관심을 기울여야 할 것이다. 많은 기업이 열심히 지속가능 경영전략을 가다듬고 노력해도 '잘 알아주지 않는다'고 하소연한다. 'CSR 커뮤니케이션'에 문제가 있을 수 있다. 실제로 한국 기업의 CSR 커뮤니케이션 점수는 59.4점으로 일본(72.9점)에 비해 한참 낮다(2017, 아시아 CSR 랭킹).[30]

CSR 커뮤니케이션은 기업이 알리고 싶어 하는 정보가 아닌 소비자, 주주, 지역사회 등 이해관계자의 눈높이에서 최대한 친절하게, 궁금해하는 콘텐츠를 담아야 한다. 기업의 '진짜' 모습을 '투명'하게 보여주고 '똑똑'하게 '소통'하는 것이 기업의 브랜드와 신뢰를 높이는 길임을 인식해야 할 것이다.

30) CSR 최근 트렌드와 시사점(2018), 대한상의 브리프 62호

5. 중소기업 CSR 경영의 주요 과제

1) CSR에 대한 인식제고

중소기업이 성공적으로 전략적 CSR 경영을 하려면 먼저 CSR 경영에 대하여 많은 기업이 재무적 효과가 떨어진다거나, 소모적인 비용이라고 생각하고 있는 부정적 태도에 대한 인식을 조속히 전환해야만 한다.

2015년 중소기업 CSR 실태조사에서 CSR 경영의 기대효과를 보면 CSR 경영을 해야 하는 이유를 홍보나 이미지 개선(28.2%), 지속가능성 증대(22.6%), 매출향상(5.2%) 등으로 보고 불과 약 20% 정도만이 CSR 경영을 지속가능성과 연계하여 인식하고 있음을 알 수 있다.

특히 소유와 경영이 일치되어 있는 대부분의 중소기업 특성상 최고경영자(CEO)의 CSR 경영 참여 의지가 가장 중요한데, 아직까지 경영진의 관심도는 매우 낮은 상황이다.

① CSR 경영은 소모적인 비용 지출이 아니다

중소기업의 CSR 경영은 단기적으로 경영성과로 연결되기 어려우므로 보편적으로는 비용으로 인식하며, 앞에서 서술한 것처럼 CSR 경영은 대기업이나 하는 것으로 인식하는 경우로 생각하는 경우가 많이 존재한다.

CSR 경영은 비용이 아니라 이해관계자 모니터링을 통해 리스크를 발견하여 실패 비용을 줄이고, 기회로 생각해 경쟁력을 높이는 투자라는 인식으로 반드시 전환되어야 한다.

따라서 CSR에 대한 이해가 필요하고, 전임직원이 동참할 수 있는 CSR 교육이 전사적으로 확산되어야 할 것으로 본다.

그리고 지역사회 기부 등과 같이 기부나 봉사 등 많은 비용을 소요로 하는 외부적인 것은 차후의 과제로 접어두고라도 중소기업 내부에서 공정개선을 통해 공정 불량 최소화, 폐기물 분리수거를 통한 재활용, 휴식시간 소등과 이해관계자 모니터링을 통한 요구사항 신속한 해결 등 중소기업의 실정에 맞게 실천 가능한 것부터 시작하여 단계적으로 발전시키는 방법으로 전략적 CSR 경영에 대한 인식제고가 바람직하다.

〈그림 5-4〉에서 보듯이 중소기업 CSR 실태조사에서 CSR 경영을 도입하지 않은 이유 중 첫 번째가 '경영진의 관심이나 의지 부족'으로 나타났다. 그 항목이 2013년 25%에서 2015년 41%로 대폭 증가했음은 매우 충격적일 뿐만 아니라 향후 CSR 경영 확산을 위해서는 CEO에 대한 인식전환이 매우 시급함을 확인할 수 있을 것이다.

② CSR은 단순 기부나 봉사가 아니다

중소기업의 CSR 경영은 안타깝게도 많은 중소기업이 아직까지도 기부나 봉사와 연결 지어서만 인식하는 경향이 높다. CSR 경영을 전략적으로 추진하므로 리스크 요인을 기회로 전환하여 기업의 경쟁력을 높이는 방안으로 생각하는 중소기업은 아직도 많지 않다. 단순 기부나 봉사활동으로 CSR 경영을 추진하는 기업은 착한기업으로는 이해관계자에게 인식이 될 수 있겠지만, 기업 내부적으로는 회사 수익에 마이너스를 가져오는 활동으로 인식될 수 있다. CEO의 강력한 추진 의지가 없다면 담당 책임자가 교체되거나 하는 경우 CSR 경영 추진 자체가 중단될 수 있으므로 향후 CSR 경영을 확산해나가는 데에도 이러한 중소기업의 CEO나 담당자들의 미흡한 인식은 걸림돌이 될 것이다.

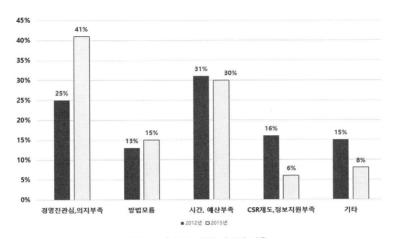

〈그림 5-4〉 CSR 경영 미도입 이유
출처: 중소기업 실태조사

실제로 CSR 경영은 기업의 활동으로 인하여 경제적·사회적·환경적 영향에 대한 책임을 다함으로써 기업의 경쟁력이 강화되고 기업의 지속가능성이 더해진다는 인식이 확대되지 않는 한 CSR 경영의 양적, 질적 확대는 불가능할 수밖에 없는 것이다.

CSR 경영은 중소기업의 핵심사업과 연계하여, CSR 관점에서 고려하여 전략적인 CSR 경영방식의 인식 전환이 필요하다.

2) CSR 경영의 단기적 성과를 장기적, 종합적 성과로

앞에서 서술한 대로 중소기업의 CSR 경영은 〈그림

5-2)와 같이 3가지 영역으로 구분하여 볼 수 있는데, Ⅰ영역은 소극적(수비적) 영역으로 CSR 경영에 관심이 없으며 생계유지를 위한 소상공인이나 주로 5인 미만의 소기업이 있는 기업군이다.

Ⅱ영역은 수동적인 CSR 경영 기업군으로 모기업이나 대기업과 같은 원청사의 직·간접적인 압력에 의해 Supply Chain CSR 경영이 피동적으로 진행되거나 CSR 경영을 하도록 강요되어 CSR 경영을 추진하고자 하지만, CSR 경영에 대한 이해가 부족하여 외부전문가 도움 없이는 추진이 어려운 기업군이다.

Ⅲ영역은 외부로부터 직간접적인 압력이 없지만 내실화를 위하여 자발적이며, 적극적으로 전략적 CSR 경영을 통해 기업 이미지와 브랜드 가치를 향상시켜 좋은 기업으로 이해관계자가 인식하여 매출성장을 통한 수익을 향상시키는 기업군이다.

Ⅱ영역의 한국 기업군은 대기업이나 다국적기업이 직·간접적으로 외부압력에 의해 추진하는 Supply Chain CSR이 진행되고 있어 CSR 경영이 소극적이며 단기적 성과에 치중하고, 비용적인 인식이 매우 강한 측면이 있다.

그러나 일본의 경우에는 Ⅱ영역의 기업군에 속한 기업들도 CSR 경영을 비용으로 인식하지 않고 미래가치 창출을 위한 투자로 생각하는 영역으로 인식하고 있을 만큼 CSR 경영에 대한 인식이 저변확대가 잘되어 있는 점이 우리나라와는 큰 차이가 있다.

대부분의 중소기업의 CSR은 전문 인력과 자금력이 부족하여 CSR 경영에 대해 관심이 낮고 수익창출에 전념하는 경향이 높다. 중·장기적인 효과가 없다고 단정하며 대기업이나 하는 일로 인식하여 CSR 경영에 대한 고려가 없거나 생각조차 하지 않는 경향이 높고, 대부분이 모기업이나 대기업 또는 원청사가 요구하는 수준까지만 CSR 경영을 적용하는 단기적인 경영성과에 치중하고 있어 중장기적으로 CSR 경영을 부담으로 느끼는 경우도 많다.

3) 조속한 CSR 전문 인력 확보 및 육성 필요

중소기업의 임직원은 1인 다역의 업무를 수행하는 경우가 많아 CSR 전담인력 확보가 매우 어려운 실정이다. 중소기업의 경우 대기업에 비해 인력이 작고 예산 운용의 한계가 있어서 CSR 경영에 대한 인식을 제고하여 그 절대적 필요성을 인식하더라도 CSR 경영을 실천하는 데 한계가 있다. 더구나 대부분의 중소기업은 CSR 전문 인력 확보의 문제 이전에 담당 인력을 채용하거나 배치하는 것조차 어려운 실정이다.

따라서 교육을 통해 CSR 담당자를 겸직을 통해서라도 주관하도록 하고 관련 부서와 함께 공유하며, 운영하는 방식으로의 접근방법이 필요할 것이다.

중소기업 CSR 경영은 너무 복잡하여서도 안 되지만, 복잡하게 생각할 필요가 없다. CSR 경영은 중소기업이 현재 운영하고 있는 ISO 9001, ISO 14001[31], IAFT 16949[32] 등 경영시스템의 상태에서 CSR 경영 관점에서 이해관계자를 모니터링하고 리스크 요인을 사전에 파악하여 지속적인 개선을 하게 함으로 그 결과 이해관계자들을 만족시키고 기업 가치를 높이는 것이라는 인식 전환이 우선적으로 필요하다.

31) ISO 14001: 환경경영시스템
32) IAFT 16949 : 자동차품질경영시스템

4) 중소기업 CSR 경영에 대한 정부지원 및 인프라 미비

　중소기업 CSR 경영에 대하여 법적으로 규정하고 있는 내용은 첫째, 중소기업진흥에 관한 법 제62조 7에서 '중소기업은 회사의 종업원, 거래처, 고객 및 지역사회 등에 대한 사회적 책임을 고려한 경영활동을 하도록 노력하여야 한다'고 규정하고, 국가와 지방자치단체는 중소기업 사회적 책임경영을 위하여 필요한 지원을 할 수 있다고 규정하고 있다.

　둘째, 산업발전법 제19조는 정부는 기업이 경제적 수익성, 환경적 보호성, 사회적 책임성을 함께 고려하는 지속가능한 경영활동을 추진할 수 있도록 5년마다 종합시책을 수립하여 시행해야 한다고 규정하고 있다. 셋째, 조달사업에 관한 법률 제6조[33]에 조달청장은 기업의 사회적 책임을 장려하기 위해 조달절차에서 환경, 인권, 노동, 고용, 공정거래, 소비자 보호 등 사회적·환경적 가치를 반영할 수 있다고 명시하여 CSR 촉진을 위해 사회적 책임기업에 대한 조달 방식을 규정하고 있다. 이와 같이 관련 법률에 법적 지원은 할 수 있도록 명시되어 있으나 중소기업이 느끼는 CSR 지원 정책은 부족한 수준이다. 하지만 조달사업 가점, 정부지원 R&D 기술개발사업 가점, 세금 감면 등 중소기업 CSR 경영에 지원 정책 확대 등을 통하여 전 세계적으로 확산되고 있는 중소기업 CSR 경영 내실화가 필요하다.

　더구나 현재 ISO 26000이나 GRI 가이드라인, UNGC, OECD 다국적기업 지침 등 CSR 관련 국제규범들은 다국적기업에 맞추어 구성되어 있을 뿐 아니라, 전체적으로는 본문이 영문으로 구성되어 있어 중소기업에서 이를 직접 이해하여 활용하거나 그대로 적용하기에는 매우 부적절한 것으로 사료된다.

33) [법률 제17153호, 2020. 3. 31. 전부 개정 2020. 10. 1. 시행]

현재 우리나라에는 지식경제부 기술표준원에서 제정한 ISO KS A 26000:2012가 운영되고 있으나, 예시나 기준 등이 우리나라 중소기업이 그대로 적용하기 어려운 부분이 꽤 많으므로 거기에 더해 중소기업의 규모나 특성에 맞는 CSR 체계나 실천방법론을 조사 연구하여 새로운 규정이나 지표를 개발하는 등 기본적인 인프라 구축을 위한 노력이 필요하다.

　또한, 기존 중소기업 지원시책과 CSR 경영 촉진시책 간 연계성이 떨어지는 문제점이 있어 중소기업의 최고경영자 입장에서는 CSR 경영 활동에 대한 직·간접적인 이득이 없다고 인식하기도 하는 것이다.

　따라서, 정부는 대기업 위주의 CSR 체계를 벗어나 관련 법률, 중소기업 CSR 경영에 대한 현실적인 규정이나 지침의 마련, CSR 지원센터의 확대뿐 아니라 정부의 이노비즈나 메인비즈 등 지정 시 중소기업의 CSR 경영을 적극적으로 권장하려는 노력 등을 통하여 중소기업에 친화적인 CSR 인프라를 조성하여야 한다.

6. 중소기업 CSR 경영의 기대효과

CSR 관련 서적 저자로 잘 알려진 밥 윌라드(Bob Willard)[34]는 "일반적인 기업이라면 지속가능 경영 전략을 통해 5년 이상 38%의 수익을 달성할 수 있다."라고 말했다. 이는 재무적 성과만을 의미하는 것이 아니라 사회적, 환경적으로 얻는 성과 또한 의미하는 것이다. 기업은 CSR 경영을 통해 생산 비용을 줄이고 시장 점유율과 수익을 향상시킬 수 있으며, 환경적으로 부정적 효과를 최소화하면서 긍정적인 사회 영향력을 확대할 수 있다. 즉 중소기업 CSR을 통해 기업은 내부역량, 외부 경쟁력, 이해관계자 관계를 강화할 수 있는 것이다. (출처: 중소벤처기업부, www.smes.go.kr/csr, 사회적 책임)

〈그림 5-5〉 중소기업 CSR 경영의 기대효과

중소벤처24에서는 〈그림 5-5〉와 같이 중소기업 CSR 경영의 기대효과를 표시하였다.[35]

---

34) Bob Williard의 주요 저서: The Sustainability Advantage (2002), The Next Sustainability Wave (2005), The Sustainability Champion's Guidebook (2009), The New Sustainability Advantage (2012), Future-Fit Business Benchmark (co-authored Release 1, 2016), and the free, open-source Sustainability ROI Workbook(2017).
35) 중소벤처 24: smes.go.kr

즉, 중소기업 CSR은 기업의 운영 비용이 감소되고 수익이 향상되어 우수 직원을 유치할 수 있는 기업 내부역량 강화가 이루어지며, 기업의 평판과 브랜드가 강화되어 시장점유율(Market Share)이 증가되는 기업 외부경쟁력이 강화될 뿐 아니라, 기업이 환경에 미치는 부정적 사회영향이 최소화됨으로 이해관계자와의 커뮤니케이션이 강화된다고 하였다.

Edelman은 그의 저서 『기업의 사회적 책임과 명성관리』(2007)에서 기업이 사회적 책임을 다하고 있다면 제품구매, 상품추천, 기업 투자 등 기업에 우호적 행동이 나타나 결과적으로 기업의 이미지와 가치가 제고됨으로써 경영성과 향상에 긍정적 효과를 나타낸다고 하였다.

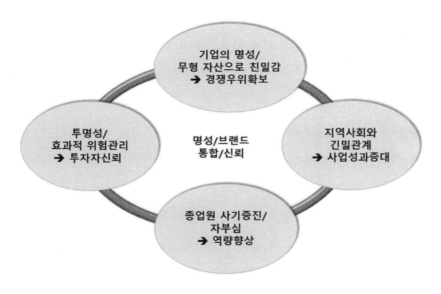

〈그림 5-6〉 CSR 경영의 BENEFIT

CSR 경영의 효과는 다양하게 제시될 수 있으며, 기업의 규모와 업종 등 요인에 따른 효과는 달라질 수 있을 것이다. 가장 대표적으로 제시할 수 있는 기대효과는 아래 세 가지로 요약할 수 있을 것이다.

첫째, Risk 관리 및 기업의 지속가능성 제고이다. 다양한 Risk 관리를 통해 미리 파악하여 CSR 활동으로 대응하여 피해를 예방할 수 있다.

둘째, 브랜드 가치의 증가이다. 미국 소비자의 80%가 기업의 CSR 활동이나 이미지가 제품구매 결정에 영향을 준다고 응답한 설문 결과에서 보는 바와 같이 CSR은 기업 브랜드 가치 제고에 큰 영향을 미치고 있다. 또한, 〈그림 5-6〉과 같이 기업 명성에도 영향을 미치고 있다.

셋째, 기업의 매출과 이윤의 증대이다. CSR 활동이 내부적인 비용절감뿐만 아니라 외부의 매출 증대와 연결되면서 기업 이윤이 증가하는 효과가 발생하게 된다. 미국 탐스슈즈는 신발 1켤레를 구매하면 빈민국의 아이에게 신발을 1켤레 기증하는 'One for One' 마케팅 실행, 설립 3년 만에 매출 55억 원을 달성하였다. 또한, 대표적인 CSR 사례 중의 하나인 일본 폴리글루社는 '전 세계 사람들이 안심하고 물을 마실 수 있도록 한다'는 이념으로 지난 2002년 설립된 수질정화제 제조기업이다. 이 기업이 개발한 닛폰폴리글루 PGa21Ca(수질정화제)는 낫토의 끈적끈적한 성분인 폴리글루탐산을 주원료로 하는 수질정화제이다. 물에 가루를 넣고 섞으면 30분 만에 물을 정화할 수 있는(100g당 1톤의 물 정화 가능) 수질정화제로 인도나 소말리아, 케냐 등 식수 문제로 곤란을 겪고 있는 나라에 제공하고 있다. 폐수정화용 수질정화제를 저가의 식수용 정화제로 개발하여 개도국의 식수 문제를 해결하면서도 건강문제 해결에 기여함으로 세계적인 명성을 얻었음은 물론 40개국에 수출하여 큰 매출성과를 이룰 수 있었다.

6.
중소기업의 전략적 CSR 경영

1. 최고경영자 의지

중소기업은 최고경영자의 의지가 CSR 경영의 성패를 좌우한다고 해도 과언이 아니다. 최고경영자는 다양한 이해관계자를 고려하고 핵심제품과 연계한 CSR 경영의 비전을 제시하여야 한다.

CSR 경영은 조직원과 공유하고 교육을 통해 임직원 모두가 동참하여야 성공할 수 있다. 임직원들이 동참하는 나눔이나 봉사만이 CSR 경영이 아니라, 현재하고 있는 업무에서 출발하여 이해관계자를 고려하고 정기적으로 리스크 요인을 도출하여 기회 요인으로 개선하며, 지속가능한 기업으로 성장하도록 하는 포괄적인 경영활동이다.

중소기업의 경영자는 CSR 경영이 비용이 아닌 투자로 생각하는 전략적 사고가 필요하다. 즉 CSR 경영의 비전을 현재 진행되고 있는 사업계획에 반영하여 핵심사업과 연계하며 CSR 관점에서 생각하고 중장기적으로 진행되어야 기업가치 향상에 기여할 수 있다.

많은 중소기업이 단기적인 경영성과에 치중하고 있지만, CSR 경영은 단기적으로 큰 효과를 기대하기는 매우 어렵다. 유한양행과 같이 장기간에 걸쳐 반복적으로 좋은 기업으로 인식되었을 때, 기업에 대한 충성고객이 증가하고 긍정적인 기업 이미지와 브랜드 가치가 상승한다.

성공적인 CSR 경영을 위해서 기업 이미지는 SNS 등으로 더욱 확산되기 때문에 기업의 실정에 맞게 CSR 수준 진단, 장·단기 전략수립, 조직 내 침투실행 및 평가 과정을 꾸준히 실천하는 최고경영자의 의지가 무엇보다 중요하다.

2. 핵심사업과 연계한 CSR 경영

　　　　　　　　　중소기업의 전략적 CSR 경영이 지향해야 하는 바람직한 목표 방향은 무엇일까?

　핵심사업에 치중하여 오로지 수익 창출에만 전념하는 기업은 이해관계자들로부터 사회적, 환경적 책임 요구로 인하여 갈등이 발생하거나 심지어 심화될 소지가 있으며, 돈만 챙기려는 이기적인 기업으로 비난을 받게 될 수도 있다.

　사회적, 환경적 책임에 치중하는 기업은 착한기업으로 기업 이미지와 브랜드 가치 향상에 도움이 되겠지만, 경제적 책임을 소홀히 하여 적정 이익을 창출하지 못한다면 이해관계자들의 임금 인상, 복지 향상, 배당 요구 등에 응하지 못하여 불만을 야기시킬 수도 있고, 장기적으로는 기업이 생존하는 데 어려움을 겪을 수도 있다.

　중소기업이 나아가야 할 바람직한 전략 방향을 CSR 경영 관점에서 보면 〈그림 6-1〉과 같다.

　CSR 측면의 경영 진단을 실시하여 현재의 수준을 파악한 후 착한기업, 이기적 기업, 수비적 기업 모두 다 지속가능한 성장을 하려면 스마트 기업이 되는 것을 전략목표로 하여야 한다. 스마트 기업은 경제적, 사회적, 환경적 책임 부분의 CSR 역량을 Low에서 High 방향으로 더욱더 높여가야 한다.

　기업은 **빠르게** 변화하는 경쟁시장에서 이해관계자의 요구사항을 수시 모니터링하여 경영전략에 신속하게 반영하여 지속적인 개선 활동으로 이해관계자들의 만족도를 높여야 한다.

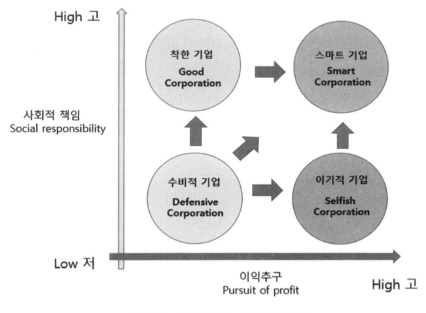

〈그림 6-1〉 기업의 CSR 수준과 전략 방향

기업은 대내외 환경변화와 경영상황을 수시 모니터링하여 리스크 요인을 찾아내고 개선하여 기업의 이미지 향상과 브랜드 가치를 향상시켜야 한다.

CSR 목표는 성과관리가 가능하도록 경제적, 사회적, 환경적 측면을 고려하여 정량적으로 제시되어야 한다.

CSR 경영의 핵심과제인 노동, 인권, 환경, 안전, 공정거래, 윤리경영, 경영시스템 7가지를 고려하여 CSR 경영에 대한 모니터링 및 진단, 이슈 과제 선정, 개선활동을 지속하여 그 성과를 높여가야 한다.

기업의 경영전략과 핵심사업을 총체적으로 CSR 관점에서 생각하고 경제·사회·환경적 가치를 높이기 위해 노력해야 한다.

이해관계자를 고려하여 중·장기적으로 CSR을 핵심사업과 연계한 전략적 CSR 경영을 통해 기업경쟁력을 높이고 스마트한 CSR 기업으로 성장 발전해야 한다.

3. 중소기업의 전략적 CSR 경영

전략적 CSR 경영이란 기업의 전략과 핵심사업을 총체적인 CSR 관점에서 생각하고 중장기적인 가치를 높이기 위해 이해관계자를 고려하여 경영하는 것으로 요약할 수 있다. 중장기적인 가치는 3가지 핵심요인(Triple Bottom Line)인 경제적, 사회적, 환경적 가치이다. 3대 핵심요인을 설명하면 다음 그림〈6-2〉와 같다.

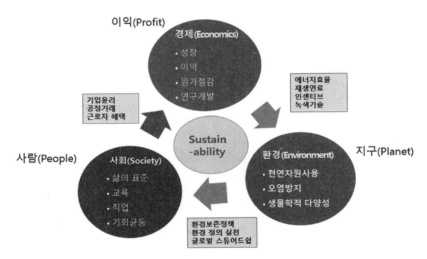

〈그림 6-2〉 CSR 경영 3대 핵심요인(Triple Bottom Line) 구조
(출처: Triple bottom line by Kenneth Lyngaas, 2016)

기업의 최고경영자는 CSR 경영이 어떠한 가치를 가져올 것인가에 의구심을 가지게 될 것이다. 기업의 특성상 비즈니스 관점에서 본다면 기본적으로 경제적인 가치를 가장 우선시할 것이다. 그러나 그림〈6-3〉과 같이 Bob Willard의 Mental Model에 의한 지속가능 경영 관점에서 본다면 경제적 가치보다 사회적 가치, 환경적 가치에 더 비중을 둘 필요가 있다.

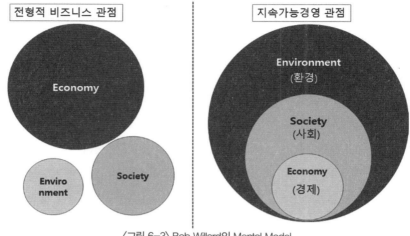

〈그림 6-3〉 Bob Willard의 Mental Model
(출처: The Sustainability Advantage, Bob Willard)

한국의 중소기업은 공급망 CSR 경영을 많이 추진한다. 이는 수급기업의 거래에서 모기업에 의존도(출처: 중소기업중앙회 중소기업 통계 중소기업 통계 DB 수, 위탁거래)가 81.8%(2013)로 모 기업에 대한 납품으로 운영되기 때문이다. 그리고 ISO 26000(2010), EICC, SA, RoHS 등 지속성장을 위한 국제규범이 강화되고 있어 중소기업 역시 CSR 경영이 선택이 아닌 필수적인 과정으로 전략적 CSR 경영이 요구되는 것이다. 비즈니스 활동을 위해 많은 중소기업이 ISO 9001(2015) 기반으로 품질경영시스템을 통해 영업활동과 개발, 생산, 품질관리 프로세스를 구축하여 생산과정에서 품질 불량이 발생하면 불량원인을 파악하고 이를 신속하게 개선하는 고객만족 활동을 진행하고 있다. 이러한 중소기업의 CSR 경영은 부분적으로만 실천하고 있는 것이며, CSR 관점에서 보면 이러한 활동을 사업계획에 반영하여 이해관계자를 고려하여 리스크 요인을 찾아 기회적인 요인으로 개선하는 과정으로 이해할 수 있다. CSR 경영을 통한 리스크 요인을 사전에 발굴하여 기회요인으로 개선하지 않으면 생존하기 어려운 환경으로 악화될 수도 있다. 하지만 CSR 경영이 기업의 성과에 밀접한 인과관계가 있다고 확정적으로 단정하기는 쉽지 않다. 경영성과가 있다고 해도 명확하게 구분하여 판단하기 어려운 다양한 변수로 작용하고 있기 때문이다.

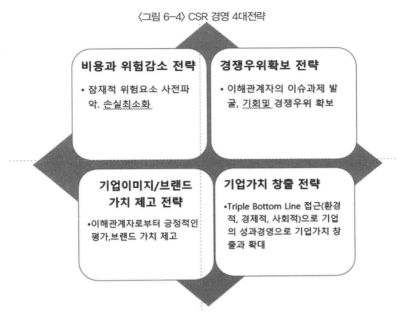

〈그림 6-4〉 CSR 경영 4대전략

따라서 기업의 핵심사업과 연계하여 전략적 CSR 경영이 중요해지는 것이다. CSR 경영을 위한 전략을 그림〈6-4〉와 같이 4가지로 분류해 볼 수 있다.

첫째는 비용과 위험감소 전략이다.

CSR 경영의 접근은 위험요소를 사전에 파악하여 손실을 최소화하고 기업의 브랜드 가치를 극대화하는 데 있는 것으로 생각할 수 있다. 따라서 잠재적인 위험 요소를 사전에 파악하여 개선하는 데 있으며 기업의 경제적 이익은 사회적, 환경적 성과 관리가 함께 관리되어야 할 위험요인을 완화하여 지속가능한 중소기업으로 성장할 수 있는 것이다.

둘째는 기회를 통한 경쟁우위 확보전략이다.

중소기업의 CSR 경영은 이해관계자의 이슈 과제를 찾아 지속해서 개선하므로 경제적, 사회적, 환경적으로 단계적으로 성장이 진행되는 것이다. 다국적기업들은 협력업체에 공급망 CSR을 통해 공정 개선과 재활용 방법을 제시하여 동반성장 방안으로 단계적인 CSR 경영 성과로 연결되는 사례를 많이 볼 수 있다. 즉, 수익 극대화는 CSR 경영을 통해 기회를 포착하여 경쟁우위를 확보하는 데 좋은 수단으로 사용이 가능하다는 것이다. 위험을 기회로 레버리지(Leverage)효과를 증대시켜 경영성과를 높이도록 전략적인 CSR 경영을 추진하는 것이다.

셋째. 기업 이미지와 브랜드 가치를 높이는 전략이다.

CSR 경영은 이해관계자로부터 긍정적인 평가를 받아 기업 이미지 및 브랜드 가치를 높이는 전략이다. 이해관계자의 요구를 충족시키지 못하면 부정적인 영향이 커지게 되어 기업 이미지와 브랜드 가치는 떨어지게 될 것이다. 따라서 장기적인 관점에서 CSR 경영활동으로 기업의 이미지 향상과 브랜드 가치 향상에 노력이 필요하며, 소비자는 친환경 제품의 경우 약간 높은 가격에도 구매하겠다는 구매의도가 높아지고 있어 CSR 경영을 통한 브랜드 가치를 높이는 지속가능한 기업으로 성장이 필요하다.

넷째는 시너지효과를 통한 기업 가치창출 전략이다.

다양한 이해관계자의 욕구를 충족시켜 경제, 사회, 환경 분야에서 가치를 높여가는 전략이다. 존 엘킹톤(John Elkington, 1998)은 Triple Bottom Line 접근이 경제적, 사회적, 환경적으로 기업의 성과경영을 통해 다양한 이해관계자의 욕구를 충족시켜 전반적인 기업 가치 창출과 확대하는 것으로 제시하고 있다.

현재 재무성과만으로 기업 가치와 성장을 인정받는 시기는 지나가고 있다. 최근 SNS(Social Network System) 발달에 따라 이해관계자의 목소리가 중요한 시점으로 부각되고 있고 빠른 시간에 전 세계로 정보가 전달되는 사항에서 이해관계자의 요구를 사전에 파악하여 도출된 정보를 기회로 삼아 전략적 CSR 경영을 핵심사업과 연계하여 최고경영자의 의사결정이 진행되어야 한다. 즉, 위험요인을 사전에 인지하여 기회로 전환하는 현명한 의사결정이 기업 이미지를 높이고 브랜드 가치를 높여 경영성과로 연결되기에 CSR 경영에 대한 중요성이 부각되고 있다. 즉 전략적 CSR 경영은 중소기업의 경영전략과 핵심사업을 경제적, 사회적, 환경적 관점에서 생각하고 중장기적으로는 기업 이미지 및 브랜드 가치를 높이기 위해 이해관계자 관점에서 고려하여 정기적인 모니터링을 통해 잠재적인 리스크 요인을 사전에 파악하여 지속적인 개선활동을 통해 경영활동에 반영함으로써 경쟁력을 높이는 성과경영인 것이다.

기업이 CSR 경영을 위한 CSR 경영전략을 수립하는 이유는 현재 기업의 위상과 향후 목표를 명확화하며 장기적으로 성공을 위한 전략을 개발하고, 벤치마킹을 통한 전개사항의 측정을 가능하게 하기 위함이다. 이를 통해 이해관계자에게 사업에 대한 가치를 제시함으로 CSR 경영성과에 대해 공유하고 기업의 지속가능 발전을 도모할 수 있는 것이다.

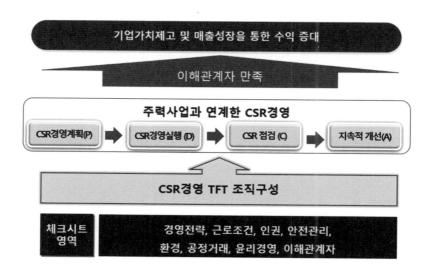

〈그림 6-5〉 CSR 경영전략 체계도

　기업의 CSR 경영전략체계는 〈그림 6-5〉와 같은 체계를 가지며, 경영전략, 근로조건, 인권, 안전관리, 환경, 공정거래, 윤리경영, 이해관계자에 대한 실행을 위해 TFT를 구성하고 주력사업과 연계한 CSR 경영활동을 함으로써 이해관계자를 만족하게 하고 궁극적으로는 기업 가치 제고와 매출성장을 통한 이익증대를 달성하여 지속가능한 경영을 달성할 수 있는 것이다.

　CSR 경영은 기업의 미션과 비전, 즉 기업의 비전체계와 연계하여 수립되는 것으로서 미션과 비전에 따른 전략을 실행하는 데 있어서 우선 CSR 경영의 범위, 역할, 책임, 실행방법, 평가방법을 구체적으로 설정하게 된다.

　이러한 CSR 경영전략에 따른 실행 프로세스는 〈그림 6-6〉과 같이 전략적 CSR 추진 프로세스는 P(Plan)→D(Do)→C(Check)→A(Action) 방법으로 준비(P), 진단(D), 대책설계(C), 개선(A) 단계로 추진할 수 있다.

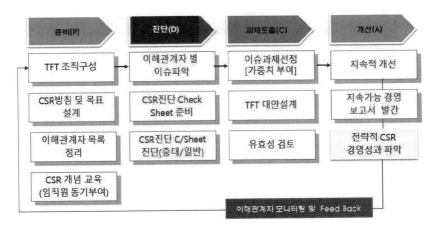

〈그림 6-6〉 전략적 CSR 경영프로세스

1) 준비단계

(가) 중소기업 CSR 추진조직

중소기업의 CSR 추진조직은 경영자를 추진위원장으로 하여 CSR 전담부서를 구성하고 현업부서의 전 종업원이 비상근으로 참여한다. 아래 〈그림 6-7〉은 CSR 전담부서를 구성하고 그 밑에 경영혁신팀과 현업부서로 구분하여 경영혁신팀이 현업부서 협조사항 처리를 담당하도록 구성하여 운영한 사례이다.

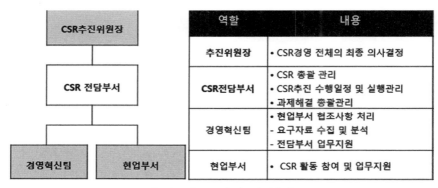

역할	내용
추진위원장	• CSR경영 전체의 최종 의사결정
CSR전담부서	• CSR 총괄 관리 • CSR추진 수행일정 및 실행관리 • 과제해결 총괄관리
경영혁신팀	• 현업부서 협조사항 처리 - 요구자료 수집 및 분석 - 전담부서 업무지원
현업부서	• CSR 활동 참여 및 업무지원

〈그림 6-7〉 CSR 추진조직도(예시)

(나) CSR 방침 및 목표 설계

〈표 6-1〉 CSR 경영 목표(예시)

핵심요인	핵심성과과제	단위	2018년	2019년	2020년
경제	매출액 달성	백만 원	100	120	160
	글로벌시장 확대	백만 원	0	100	130
환경	공정개선	건수	5	10	15
	제조원가절감	백만 원	10	20	30
사회	품질목표 달성	PPM	100	50	30
	납기 100% 준수	%	99	99.5	100
	리스크 관리정착	–	표준화	실행	정착화
	이해관계자와 정기 협의	회	12	12	12

CSR 방침은 해당 기업의 핵심사업과 연계하여 경제적, 사회적, 환경적 관점에서 앞으로 나가고자 하는 내용을 요약하여 정리하는 것으로 유한양행은 '우리 강산 푸르게 푸르게' 캐치프레이즈 하에 지속해서 사회적 책임경영을 실천하여 사회적 책임경영 실천기업으로서의 인식이 높게 나타나고

있다. 따라서 목표성, 방향성, 일체성 있는 CSR 방침을 설정하는 것이 필요하다. 그리고 CSR 목표는 경제, 사회, 환경으로 분류하여 전년도 실적과 비교 가능하게 제시하고 차기년도 경영목표 사례는 〈표 6-1〉과 같다.

(다) 이해관계자 목록 및 요구사항 정리

〈그림 6-8〉 이해관계자의 구분

제 1차 이해관계자	제 2차 이해관계자	제 3차 이해관계자
• 기업주 • 주주 • 경영자 • 종업원	• 고객 • 협력업체 • 노동조합 • 경쟁사	• 정부 • 공공기관 • 언론 • 지역사회 • 소비자단체

이해관계자란 기업 활동에서 직·간접적으로 영향을 받는 대상으로서 기업 활동에 얼마나 직접 관련이 되느냐에 따라 〈그림 6-8〉과 같이 1차 관계자, 2차 관계자, 3차 관계자로 구분해 볼 수 있다. (이종영, 『기업윤리』(2007))

전략적 CSR 경영을 위해서는 이해관계자(Stakeholder)에 대해 정의하고 이해관계자의 범위를 어디까지로 정하느냐에 따라 이해관계자의 우선순위를 정하는 데 영향을 준다.

전략적 CSR 경영을 실천하는 과정에서 이해관계자의 우선순위를 정하게 된다. 우선순위를 정하는 기준은 첫째, 현재 우리 회사의 사업영역과 관련된 CSR 영역의 핵심이슈가 무엇인지를 파악해야 하며, 둘째, 그 핵심이슈와 관계된 가장 밀접한 이해관계자가 누구인지를 결정해야 한다. 예를 들어, 최근 회사에서 가장 이슈가 된 것이 노사문제였다면 최우선 이해관계자는 '노동조합과 종업원'들이 되는 것이고, 이 문제를 해결하기 위한 노동과 인권 관련 활동을 가장 우선순위로 정하게 되는 것이다. 전략적 기업 사회공헌도 마찬가지이다. 우리 회사 사회공헌에서 최근 1년간 가장 중요한 이슈가 신축 예정인 해외공장 인근 주민들의 불만과 지역 환경 오염문제라면 해당 지역주민과 자연환경이 사회공헌의 최우선 이해관계자가 된다.

〈표 6-2〉 이해관계자 목록 및 요구사항(예시)

이해 관계자	대상 품목	이슈 내용	수준평가 (배점 각 100점)				우선 순위	개선 내용
			경제	환경	사회	평균		
00시청	블록	녹색제품 개발	100	90	70	260	1	녹색기술 인증추진
00투자	경영성과	이익배분	100	60	60	220	3	배당
00학교	학생교육	진로, 취업	80	70	100	250	2	직업이해/ 진로설계

(라) 임직원 의식전환 교육

대부분이 사회적 책임활동은 대기업이나 진행하는 것으로 인식하는 경향이 높고 어떻게 진행해야 하는지 모르기 때문에 중소기업이 기업 전략과의 연계를 갖기 위해 어떻게 전략적 CSR 경영을 진행할 것인가, 그 실행방법은 무엇인가, 궁극적으로 어떠한 성과를 얻을 것인가에 대한 구체적인 이해가 필요하다. 따라서 CSR에 대한 개념 및 프로세스 이해가 먼저 필요하며 중소기업의 핵심사업과 연계하여 전략적 CSR 경영을 위하여 가능한 많은 임직원이 참여하여야 더 높은 효과를 기대할 수 있다. CSR 경영은 임직원에게 긍정적인 이미지를 주고 근무의욕 증진에 효과를 주고 있는 것으로 많은 논문에서 발표하고 있어 정기적으로 역량 강화를 위한 임직원 교육이 필요하다.

2) 진단단계

        중소기업이 지속가능한 강소기업으로 성장하기 위하여 준수하여야 할 사항에 대한 기업의 수준을 진단한다. CSR 진단은 공급망 CSR 진단지표(한국생산성본부)에서 제시한 7가지 핵심주제인 노동, 인권, 환경, 안전, 공정거래, 윤리경영, 경영시스템과 ISO 26000(2010)에서 제시한 7가지 핵심주제인 조직 거버넌스, 노동 관행, 인권, 환경, 공정운영 관행, 소비자 이슈, 지역사회 참여를 비교·분석하였다.

본서에서는 중소기업의 특성을 고려하여 CSR 수준 자가진단을 위해 8가지 핵심주제에 대해 체크리스트를 개발하여 〈표 6-3〉과 같이 경영전략, 근로조건, 인권, 안전관리, 환경, 공정거래, 윤리경영, 이해관계자로 구분하고 8개 영역, 80개 평가문항으로 구성하였다.

〈표 6-3〉 CSR 핵심주제 및 자체 개발영역 비교

공급망 CSR 진단지표 7대 영역 (한국생산성본부)	ISO 26000 7대 영역	본서의 8대 개발영역
경영시스템	조직거버넌스	경영전략
노동	노동 관행	근로조건
인권	인권	인권
안전	–	안전관리
환경	환경	환경
공정거래	공정운영 관행	공정거래
윤리경영	소비자 이슈	윤리경영
–	지역사회 참여	이해관계자

3) 과제도출 및 개선단계

중소기업과 직·간접적으로 관련이 있는 이해관계자에 대하여 이슈 과제를 도출하고 경제성, 사회성, 환경성에 대한 수준을 평가하여 높은 점수순으로 실행할 과제순위를 설정하여 이해관계자 리스크 요인을 기회적인 요인으로 전환할 수 있도록 지속적인 개선을 통해 경쟁력을 높이는 활동이 우선적으로 진행되어야 한다. CSR 진단결과 우선적으로 법적 위반 내용을 개선하여야 하며 그다음 사회적 책임경영에서 일반적으로 요구하는 내용을 개선과제로 선정하여 지속적 개선활동이 진행되어야 한다. 개선과제는 경제적 요인, 사회적 요인, 환경적 요인으로 분류하여 요인에 따른 특성을 반영하여야 한다. 이에 대한 개선대책은 가능한 CSR 추진 조직과 Brainstorming, 5 Why 기법 등을 이용하여 유효성 있는 대안을 작성하고 지속적인 개선활동이 진행되도록 하여야 한다. 개선결과에 대하여는 가능한 한 개선 전과 개선 후를 비교하고 정성적, 정량적 효과를 산출하는 것이 바람직하다.

4. CSR 경영을 위한 진단 실무

1) 정부 차원의 CSR 경영 지원

중소벤처기업부는 중소기업의 CSR 경영 확산을 위해 〈그림 6-9〉와 같이 중소기업 CSR 홈페이지(www.smes.go.kr/csr)를 개설하여, 한국생산성본부가 중소기업 CSR 지원사업 운영기관으로서 기업에 CSR 컨설팅 지원, CSR 자가진단 및 성과측정을 할 수 있도록 지원하고 있다. 중소기업 CSR 성과지표 특징 및 활용내용은 다음과 같다.

- CSR 성과를 평가하기 위한 방법 제공 및 평가 결과 정보를 보호
- 동종기업 및 경쟁업체 간의 CSR 성과 차이를 확인할 수 있도록 벤치마킹 시스템을 제공
- CSR 성과가 무엇인지 알려주고 이러한 성과가 유지되고 개선하기 위해 보상체계를 마련하는 방법을 제공
- 중소기업이 CSR에 따른 근본적인 위험들을 확인하는 방법을 제공하며 은행에 중소기업의 CSR 평가 정보를 제공
- 공급 대상 기업에 귀사의 CSR 성과를 제시하고 증명할 수 있으며 우선적인 공급자 지위를 설득력 있게 획득하는 데 필요한 방법 제공
- 중소기업 CSR 성과지표는 국제적으로 인정된 국제 CSR 기준, 지침, 협약 및 원칙들을 기반으로 개발되었으며 귀사의 CSR 성과가 다음의 국제 규범들과 연관성이 있다는 것을 입증하는 데 활용

〈그림 6-9〉 중소기업 CSR 홈페이지(www.smes.go.kr/csr)

2) 본서의 CSR 8대 영역 자가진단

　　　　본서에서는 중소기업의 CSR 수준 자가진단을 위해 8가지 핵심주제로 구분하고, 중소기업에서 CSR 수준을 점검할 수 있도록 자가진단 체크리스트를 자체 개발하여 제시한다. 경영전략, 근로조건, 인권, 안전관리, 환경, 공정거래, 윤리경영, 이해관계자로 구분하고 〈표 6-3〉과 같이 8가지 핵심주제로 구성하였다.

　평가수준 및 평가근거는 〈표 6-4〉와 같이 5점 척도로 하여 평점별 평가근거를 제시하였으며, 경영전략 8문항(40점), 근로조건 15문항(75점), 인권 13문항(65점), 안전관리 15문항(75점), 환경 14문항(70점), 공정거래 5문항(25점), 윤리경영 5문항(25점), 이해관계자 5문항(25점)으로 총 80개 문항에 대해 문항당 5점, 총점 400점 만점으로 하고 이를 백분율로 환산점수를 산정하여 평가하도록 하였다. 해당 항목별 평점을 체크하면 결과가 자가진단 결과 분석도표로 나타나도록 구성하였다.

〈표 6-4〉 평가수준 및 평가근거

평가수준	평점	평가근거
매우 그렇다	5	평가문항의 질문에 대한 요건을 모두 구비하고 실행하는 수준
그렇다	4	5점과 3점의 중간 수준
보통이다	3	평가문항의 질문에 대한 요건을 부분적으로 구비하고 실행하고 있는 수준
부족하다	2	3점과 1점의 중간 수준
매우 부족하다	1	평가문항의 질문에 요건을 전혀 구비하거나 실행하지 않고 있는 수준
해당없음	–	기업에 적용되지 않는 내용의 문항

〈표 6-5〉 CSR 자가진단표 구성 및 평점 산정표

1. 경영전략		
문항 수	평가항목	평가 점수
1-1	CSR 경영을 위한 회사의 방침과 전략이 수립되어 있고, 전사적으로 공유하고 있다.	
1-2	CSR 위원회인 CSR 위원회를 운영하는 규정을 가지고 있으며, 규정대로 운영한다.	
1-3	CSR경영 이슈에 대해 CSR 관리책임자를 지정하여 지속적으로 관리하고 있다.	
1-4	CSR 이슈에 대하여 그 처리과정 및 결과를 규정에 따라 정기적으로 CSR 위원회에 보고하고, 의사 결정하도록 한다.	
1-5	전 구성원은 경제, 사회, 환경적 토픽에 대한 자기의 역할과 책임이 규정화되어 있으며, 이를 실행하고 있다.	

1-6	인사평가관리에서 성과지표에 CSR 관련 지표를 포함하여 관리하고 있다.	
1-7	임직원들의 임금 및 성과보상 시 객관적 근거에 따라 평가하여 결정하고 있다.	
1-8	CSR 이슈에 대하여 임직원과 외부 이해관계자들과의 정기적인 커뮤니케이션을 통하여 경영활동에 반영하고 있다.	
취득점수 계		점
해당 영역 만점점수(=해당문항 수 5점)		40점
평점=(취득점수/해당 영역 만점점수) 100		점
만일 해당 없음 항이 있을 경우 총점에서 해당 없음 문항당 5점 차감하여 만점으로 함.		

2. 근로조건		
문항 수	평가항목	평가 점수
2-1	관련 법규에 따라 취업규칙(또는 단체협약)을 행정관청에 신고하고, 성실하게 이행한다.	
2-2	근로기준법에 따라 근로계약서를 작성하여 배부하고 있다.	
2-3	모집·선발 시 채용절차법에 따라 출신 지역, 가족관계, 신체상황 등 업무에 불필요한 개인정보를 요구하지 않는다.	
2-4	채용을 가장하여 아이디어를 수집하거나 사업장을 홍보하기 위한 목적 등으로 거짓 채용공고를 내지 않으며, 채용의 공정성을 침해하는 어떠한 행위도 하지 않는다.	
2-5	근로자의 자유의사에 반하는 강제근로를 시행하지 않으며, 어떠한 이유로도 근로자를 폭행하지 않는다.	
2-6	근로계약서는 근로기준법에서 정한 항목이 누락 없이 포함되어 있다(임금, 소정 근로시간, 휴일, 휴게, 연차·유급휴가, 기타 근로조건 등).	
2-7	법정 근로시간 내에서 근로시간을 준수하고 있다.	
2-8	최저임금 이상의 임금을 모든 근로자에게 지급하고 있다.	

2-9	연장, 야간, 휴일 근로 시 근로자와의 합의에 의해 실행하며, 법에 의한 가산 수당을 적용한 임금을 지급하고 있다.	
2-10	임금 지급 시 임금지급명세서를 근로자에게 교부하며, 회사는 매 회마다 임금대장을 작성하고 있으며, 지급일 및 임금대장 작성일로부터 3년간 보관하고 있다.	
2-11	임금 지급은 법령 또는 단체협약에 특별한 규정이 있는 경우 외에는 통화로 근로자에게 직접, 매 정해진 날짜에 전액을 지급한다.	
2-12	4대보험(고용, 건강, 산재, 연금) 가입 대상 근로자는 전원 가입되어 있다.	
2-13	모든 근로자에 대하여 휴게, 휴일, 연차·유급휴가, 배우자출산휴가, 생리휴가 제도 등을 관련 법규에 따라 시행하고 있다.	
2-14	연차휴가 촉진제도를 근로기준법에 따라 실행하고 있다.	
2-15	근로자 퇴직 시 근로자 퇴직급여보장법과 사내규정에 따라 정해진 퇴직금을 지급기일 이내에 지급한다.	
취득점수 계		점
해당 영역 만점점수(=해당문항 수 5점)		75점
평점=(취득점수/해당 영역 만점점수) 100		점
만일 해당 없음 항이 있을 경우 총점에서 해당 없음 문항당 5점 차감하여 만점으로 함.		

3. 인권		
문항 수	평가항목	평가 점수
3-1	성별, 국적, 신앙, 사회적 신분을 이유로 근로조건에 차별적 처우를 하지 않는다.	
3-2	18세 미만 미성년근로자에 대해서는 채용 시 반드시 친권자의 동의를 받으며, 채용 후에도 관련 법에 따른 보호조치를 시행한다.	
3-3	법적 취직 인허증을 소지하지 않은 15세 미만인 사람(「초·중등교육법」에 따른 중학교에 재학 중인 18세 미만인 사람을 포함한다.)은 근로자로 사용하지 않는다.	

3-4	임신 또는 산후 1년이 지나지 아니한 근로자, 18세 미만자에 대해 도덕상, 보건상 유해, 위험한 작업을 금지하도록 규정으로 정하여 관리하고 있다.	
3-5	18세 이상의 여성을 오후 10시부터 오전 6시까지의 시간 및 휴일에 근로시키려면 그 근로자의 동의를 받는다.	
3-6	임산부와 18세 미만자를 오후 10시부터 오전 6시까지의 시간 및 휴일에 근로시키지 않는다.	
3-7	모성보호를 위한 임신근로자에 대한 처우와 관련한(수유 시간, 출산 전후 휴가, 유/사산 휴가, 육아휴직, 육아기 근로시간 단축 등) 규정을 관련 법규에 따라 준수하고 있다.	
3-8	근로자가 관련 법규에 정한 가족의 질병, 사고, 노령으로 인하여 가족 돌봄 휴직을 신청하는 경우 특별한 사정이 없는 한 이를 허용할 수 있도록 한다.	
3-9	남녀고용평등법에 의하여 직장 내 성희롱 예방교육을 매년 실시하고 관련 규정을 두고 있다.	
3-10	노동조합 또는 노사협의회와 정기적으로 회의를 개최하고 노사 간의 결정사항에 대하여 이행하며 관리한다.	
3-11	관련 법률에 의하여 근로자의 고충을 청취하고 이를 처리하기 위하여 고충처리위원을 두고 근로자의 고충사항을 청취하고 기일 내 처리한다.	
3-12	근로자에게 정당한 이유 없이 해고, 휴직, 정직, 전직, 감봉, 그 밖의 징벌(懲罰)을 하지 않는다.	
3-13	직장 내 괴롭힘 행위가 발생하지 않도록 관리하며, 직장 내 괴롭힘이 발생하면 관련 법규에 따라 조치하고 있다.	
취득점수 계		점
해당 영역 만점점수(=해당문항 수 5점)		65점
평점=(취득점수/해당 영역 만점점수) 100		점
만일 해당 없음 항이 있을 경우 총점에서 해당 없음 문항당 5점 차감하여 만점으로 함.		

4. 안전관리		
문항 수	평가항목	평가 점수
4–1	감염병 예방 및 차단을 위한 정부의 대응지침을 준수하고 있다.	
4–2	감염병 관련 직원, 방문객, 제품, 서비스 등의 안전을 위한 단계별 대응계획(contingency plan)을 수립하여 실시하고 있다.	
4–3	산업안전보건법에 의하여 안전보건관리체제를 구성하여 운영하고 있으며, 안전보건교육을 기준에 부합하게 실행하고 있다.	
4–4	산업재해 발생 시 조사, 기록, 보고절차 등은 관련 법규에 부합하게 운영하고 있다.	
4–5	보호장비 관리 및 지급, 착용상태 등은 관련 법규 기준에 부합하게 관리하고 있다.	
4–6	안전사고 발생 시 응급처치는 관련 규정에 따라 관리하고있다.	
4–7	작업환경 측정과 특수건강검진 대상자에 대한 검진과 사후관리를 하고 있다.	
4–8	대기오염물질의 측정 및 배출관리 시 안전을 위한 시설과 작업자가 착용하는 안전장비를 법적 기준에 부합하게 구비하고 있다.	
4–9	오수 및 폐수, 폐기물의 배출기준치 측정, 배출관리 시 안전을 위한 시설과 작업자의 안전장비를 법적기준에 부합하게 구비하고 있다.	
4–10	위험기구 및 기계의 작업절차서 구비 여부, 안전 인증, 정기점검 관리는 법적 기준에 부합하게 관리하고 있다.	
4–11	유해 화학물질의 위험성 평가, 보호시설 및 장비의 제공, 관리 등은 법적 기준에 부합하게 관리하고 있다.	
4–12	소방안전 시설 및 기구, 인력의 배치, 정기점검, 교육훈련 등은 법적 기준에 부합한다.	
4–13	안전사고 발생 가능성이 있는 작업공정에 대한 작업표준을 구비하고 이를 준수하고 있다.	
4–14	작업장의 위험성 평가(Risk Assesment), 보호시설, 위험표지 등은 법적 기준에 부합한다.	

4-15	근로자의 신체적 피로와 정신적 스트레스를 줄일 수 있는 작업 환경을 조성하고, 근로조건을 개선하며, 모든 관련 정보를 공개하고 있다.	
	취득점수 계	점
	해당 영역 만점점수(=해당문항 수 5점)	75점
	평점=(취득점수/해당 영역 만점점수) 100	점
	만일 해당 없음 항이 있을 경우 총점에서 해당 없음 문항당 5점 차감하여 만점으로 함.	

5. 환경		
문항 수	평가항목	평가 점수
5-1	경영자는 환경경영방침을 수립하여 임직원과 공유하고 있다.	
5-2	환경경영방침에 따라 매년 환경경영 목표를 수립하여 성과를 관리하고 있다.	
5-3	환경관리자를 내부 선임 또는 외부위탁하여 관리하고 있다.	
5-4	ISO 14001 환경경영시스템인증서를 보유하고 있으며, 유지관리를 하고 있다.	
5-5	녹색인증, 환경마크, GR마크 등 1건 이상 보유하고 있으며, 유지관리를 하고 있다.	
5-6	친환경제품 또는 청정생산을 위한 공정개선실적을 5건 이상 확보하고 있다.	
5-7	대기오염물질은 관련 법규에 따라 배출시설 설치허가 및 신고된 배출허용기준 이내로 준수하고 있다.	
5-8	유해물질 등 폐수배출은 관련 법규에 따라 배출시설 설치허가 및 신고된 배출허용기준 이내로 준수하고 있다.	
5-9	온실가스배출량을 최소화하기 위해 연 1회 이상 측정하고 개선하고 있다. (공정개선, 소등 등)	
5-10	환경 관련 중·단기투자계획을 수립하여 시설현대화에 투자하고 있다.	

5-11	일반폐기물과 지정폐기물로 분류되어 있으며, 폐기물의 종류 및 발생량을 정기적으로 파악하고 관련 법규에 따라 관리하고 있다.	
5-12	폐수는 관련 법규에 따라 환경정책기본법 기준치 이하로 배출될 수 있도록 정기적으로 관리하고 있다.	
5-13	유독물을 제조. 수입. 판매. 보관. 저장. 운반 또는 사용에 있어 관련 법규에 따라 유독물 명칭. 수량 등을 기록. 보존하고 위험성이 식별되게 관리하고 있다.	
5-14	관련 법규에 따라 친환경적인 환경을 위해 재활용 가능한 방법으로 분리수거를 하고 있다.	
취득점수 계		점
해당 영역 만점점수		70점
평점=(취득점수/해당 영역 만점점수) 100		점
만일 해당 없음 항이 있을 경우 총점에서 해당 없음 문항당 5점 차감하여 만점으로 함.		

6. 공정거래		
문항 수	평가항목	평가 점수
6-1	조직의 경쟁저해행위나 공정거래 위반행위가 발생하지 않도록 관련 법규를 준수하고 있다.	
6-2	공정한 거래를 위한 고객과의 관련 절차서를 제정하여 이행하고 있다.	
6-3	공정한 거래를 위한 관련 절차서의 이행상황을 주기적으로 점검하고 사후관리를 하고 있다.	
6-4	공정한 거래의 실행을 위해 조직 구성원에게 주기적인 교육을 실시하고 있다.	
6-5	거래대금의 정산 및 지급에 관한 규정이 수립되어 있으며, 이 규정에 따라 거래대금을 지급한다.	
취득점수 계		점
해당 영역 만점점수(=해당문항 수 5점)		25점
평점=(취득점수/해당 영역 만점점수) 100		점
만일 해당 없음 항이 있을 경우 총점에서 해당 없음 문항당 5점 차감하여 만점으로 함.		

7. 윤리경영		
문항 수	평가항목	평가 점수
7-1	윤리강령과 같은 행동규범을 제정하여 관리하고 있다.	
7-2	제정된 윤리강령에 대한 실행상황을 주기적으로 점검하여 보고하고 있다.	
7-3	기업윤리 및 법규준수와 조직의 청렴성 준수를 위해 교육 및 상담서비스를 실행한다.	
7-4	비윤리적이거나 불법적인 행위, 청렴성 문제 등을 신고할 수 있는 내부고발제도, 핫라인 등의 채널을 보유하고 있다.	
7-5	정보보호와 지적재산권(산업재산권, 저작권) 보호에 관하여 관련 법규를 준수하고 있다.	
취득점수 계		점
해당 영역 만점점수(=해당문항 수 5점)		25점
평점=(취득점수/해당 영역 만점점수) 100		점
만일 해당 없음 항이 있을 경우 총점에서 해당 없음 문항당 5점 차감하여 만점으로 함.		

8. 이해관계자		
문항수	평가항목	평가 점수
8-1	이해관계자의 영향력, 요구사항, 역할, 담당자 등을 식별하고 목록을 구비하고 있다	
8-2	이해관계자의 다양한 의견을 정기적으로 수렴하여 리스크·요인을 수집하여 기록·관리하고 있다.	
8-3	리스크·요인을 분석결과를 기업 및 이해관계자의 중요도에 따라 우선순위 이슈과제를 선정하고 대책을 강구하여 경영자에게 보고하고 있다	
8-4	경영자는 우선순위 이슈과제를 경영활동에 반영하여 의사결정을 하고 개선결과를 확인한다.	
8-5	경영자는 기업가치를 높이기 위해 지속가능경영보고서를 발간하여 정기적으로 의사소통하고 있다.	

취득점수 계	점
해당 영역 만점점수(=해당문항 수 5점)	25점
평점=(취득점수/해당 영역 만점점수) 100	점
만일 해당 없음 항이 있을 경우 총점에서 해당 없음 문항당 5점 차감하여 만점으로 함.	

3) CSR 자가진단 종합표 작성 사례

작성 사례를 보면 자가진단 체크리스트에 시트에 자체 평가점수를 입력하면 영역별 자가진단결과가 〈표 6-6〉과 같이 도출이 되며, 진단기업의 점수와 표준점수를 비교하여 CSR 자가진단 분석표를 〈그림 6-10〉, 〈그림 6-11〉과 같이 분석 자료로 제시할 수 있다.

〈표 6-6〉 CSR 자가진단 영역별 결과표(예시자료)

평가영역	㈜OOO	표준점수	지수비교
경영전략	75	80	0.9
근로조건	93	100	0.9
인권	92	100	0.9
안전관리	77	90	0.9
환경	71	85	0.8
공정거래	64	80	0.8
윤리경영	64	80	0.8
이해관계자	76	80	1.0
평균	77	87	0.9

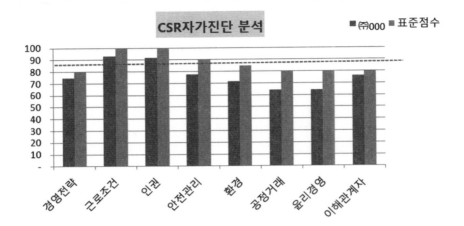

〈그림 6-10〉 CSR 자가진단 분석(막대그래프)

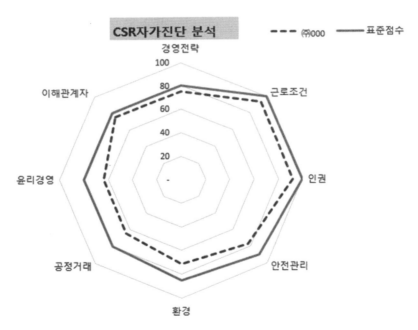

〈그림 6-11〉 CSR 자가진단 분석(원형도표)

4) CSR 경영의 개선과제 이행계획수립

가. 영역별 개선과제의 분류

체크리스트를 활용한 현장진단 단계에서 도출된 영역별 과제에 대하여 〈표 6-7〉과 같이 개선과제 리스트를 작성하여 세부적으로 개선할 항목을 설정하고, 이 개선과제가 경제적 측면, 사회적 측면, 환경적 측면 중 어느 유형에 속하는지를 1가지 택하여 비고란에 표기한다.

〈표 6-7〉 영역별 개선과제의 분류

영역별	개선과제	세부개선항목	비고 (유형)
경영전략			
근로조건			
인권			
안전관리			
환경			
공정거래			
윤리경영			
이해관계자			

나. 개선과제에 대한 이행 우선순위의 결정

이행 우선순위는 사업 영향도, 개선 시급성, 이해관계자 관심도, 투자의 효과성에 대하여 평가한다. 이행 우선순위 결정절차는 표〈6-8〉과 같다.

〈표 6-8〉 개선과제 이행 우선순위 결정절차

평가요소	평가기준
사업 영향도	경영목표 달성에 미치는 영향 정도
개선 시급성	개선이 시급하다고 느끼는 정도
이해관계자 관심도	이해관계자에게 관심도가 높은 개선과제인지 여부
투자의 효과성	투자에 대비하여 기대되는 효과

→ 개선과제 이행 우선순위 결정

개선과제에 의거, 전체 이행과제에 대한 평가방법은 다음 〈표 6-9〉를 활용하여 평가점수를 산정하여 이행 우선순위를 평가할 수 있다.

평가항목별 가중치는 사업영향도 25%, 개선 시급성 25%, 이해관계자 관심도 25%, 투자의 효과성 25%로서 총 100%로 하며, 개선과제 항목에 대하여 5점 척도로 평가한다. 매우 그렇다 5점, 그렇다 4점, 보통이다 3점, 그렇지 않다 2점, 전혀 그렇지 않다 1점으로 평가하고 가중치를 곱하여 점수를 산정한다. 예를 들어 평가점수가 4점이고 가중치가 25%인 항목의 산정점수는 20점(25점 × 4점 / 5점)으로 산정한다. 개선과제 이행 우선순위 결정을 위한 산정표는 체크리스트와 함께 제시하고 있으며, 각각의 개선항목별로 평가점수를 산정하여 점수가 높은 순으로 우선순위를 결정한다.

〈표 6-9〉 개선과제 이행 우선순위 평가표(안)

영역별	개선 과제명	사업 영향도			개선 시급성			이해관계자 관심도			투자의 효과성			산정 점수 합계	우선 순위 선정
		평가	가중 치 (25)	산정 점수	평가	가중 치 (25)	산정 점수	평가	가중 치 (25)	산정 점수	평가	가중 치 (25)	산정 점수		
경영 전략															
근로 조건															
인권															
안전 관리															
환경															
공정 거래															
윤리 경영															
이해 관계자															

다. 개선과제 이행일정계획 수립

다음으로 개선과제 전개 순서 결정에 따라 우선 이행과제로 평가된 항목에 대해 〈표 6-10〉과 같이 개선과제 이행일정 계획표를 수립하고 담당 부서를 결정하여 추진하도록 한다.

<표 6-10> 개선과제 이행일정 계획표

영역별	개선과제	이행일정						담당조직	
		xx월	xx월	xx월	xx월	xx월	xx월	담당조직 (담당자)	협조부서
경영전략									
근로조건									
인권									
안전관리									
환경									
공정거래									
윤리경영									
이해관계자									

7.
지속가능 경영보고서 작성 실무

1. GRI G4 Guideline 범주

(1) 지속가능 경영이란

　　　　지속가능 경영[36]이란 기업이 지속가능한 기업
(Sustainable Company)으로 변환하기 위해 중·장기적으로 CSR 경영을
통해 경제적, 사회적, 환경적 부분에 대하여 경쟁우위를 확보하는 경영이
다. 무분별한 산업화로 생태계가 파괴되고 지구온난화가 가속화되면서 삶
의 질을 높이기 위해 환경친화적인 제품에 대한 욕구가 높아지면서 기업의
사회적 책임과 함께 등장한 개념으로 볼 수 있다. 최근 밀레니얼 소비자는
사회적책임기업 제품에 대해 구매의도가 높은 것으로 밝혀지고 있다. 이와
같이 기업 이미지 및 브랜드 가치를 높이고 이해관계자와 의사소통방안으
로 지속가능 경영보고서 발간 필요성이 커지고 있다.

　지속가능 경영의 핵심요소인 TBL(Triple Bottom Line) 이란 〈그림 7-1〉
과 같이 표시할 수 있으며, TBL이란 주주 이익 극대화라는 경제적 측면뿐
만 아니라 사회적, 환경적 측면에 대한 기업의 역할을 강조하는 용어이다.
과거에는 많은 사람이 경제적 활동에 가치를 두었으나 산업이 발달하면서
환경자원 고갈 및 지구온난화가 가속화되면서 집중폭우 등 이상기후로 인
하여 환경에 대한 중요성을 크게 느끼기 시작하였다. 따라서 모든 기업에
대하여 전략적 CSR 경영을 통해 브랜드 가치를 높여 부가가치를 향상시키
고 이해관계자와 의사소통 및 이슈 과제를 지속적으로 개선하여 스마트한

36) 지속가능 경영: Sustainability Management

기업으로 성장하고자 공급망 CSR 중심으로 지속가능 경영보고에 대한 관심이 높아지고 있다.

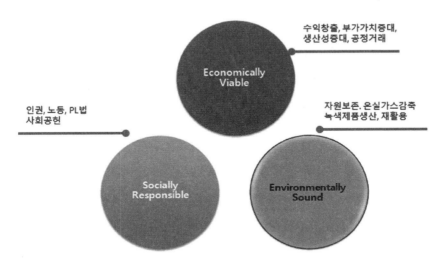

<그림 7-1> 지속가능 경영의 TBL(Triple Bottom Line) 구분

또한, 지속가능한 발전(Sustainable Development: SD)은 삶의 질 향상에 목적을 두고 경제적 측면에서 기업이익을 우선하고 환경적 측면에서 지구 이익과 사회적 측면에서 공공이익을 우선하는 것으로 볼 수 있다.

세계 지속가능 발전 기업협의회 WBCSD(World Business Council for Sustainable Development)에서는 1987년 「우리들의 미래(Our Common Future)」라는 보고서에서 '지속가능한 발전은 미래 세대의 살기 좋은 환경을 저해하지 않으면서 현세대의 요구를 충족시키는 발전과정'이라고 정의한 바 있다.

따라서, CSR 경영이란 조직의 경제적, 사회적, 환경적 책임을 바탕으로 기업의 지속가능한 발전을 추구하는 새로운 경영 패러다임으로 등장

한 것이다.[37]

지속가능 경영(Sustainability Management)과 기업의 사회적 책임(Corporate Social Responsibility)은 같은 의미를 가지고 있다.

이해관계자가 요구하는 지속가능 보고는 조직의 경제적, 사회적, 환경적 영향에 대한 성과보고가 포함되며, 어떤 산업이나 조직의 규모와 관계없이 반영할 수 있다. 보고서의 형식은 전자 또는 웹 기반의 보고, 종이보고서 형식의 보고 및 어떠한 형식도 가능하다.

(2) 지속가능 경영의 중요성과 필요성

지속가능 경영보고는 기업의 주요 이해관계자들에게 재무성과는 물론, 인권, 사회공헌, 환경개선 등 비재무적 성과까지도 포함하여 보고하는 것이다. 지속가능 경영보고는 기업의 활동이 이해관계자 및 사회에 미치는 긍정적 영향뿐 아니라 부정적인 영향까지도 경제적, 사회적, 환경적인 요인으로 분류하여 보고하도록 권고하고 있다.

과거에는 주로 기업의 재무성과에만 치중하여 기업의 가치를 판단하였지만 2000년대 글로벌 환경에서는 소비자의 욕구가 높아지고 지식수준이 높아짐과 아울러 SNS(Social Network Services) 등의 발달이 가속화됨에 따라 기업의 부정적인 문제가 발생하는 경우 여러 다양한 채널을 통하여 이해관계자들에게 빠르게 전파되어 국내뿐 아니라 전 세계로 불매운동이 확

37) 출처: 지속가능 경영의 현황과 과제, 신철호·김재은(2008), 일부 인용

산될 수 있는 새로운 위험에 직면하게 된다. 따라서 이러한 위험들을 관리하거나 회피하고자 기업의 지속가능 경영을 위한 새로운 비즈니스 모델로 지속가능 경영보고서 발간에 대한 중요성이 더욱 커지고 있다.

앞에서도 언급한 것처럼 최근에는 기업과 소비자의 긍정적인 관계 형성을 통해 환경과 사회적 문제를 해결하면서 기업의 이익과 공익을 동시에 추구하는 방법으로 코즈 마케팅(Cause Marketing)이란 새로운 마케팅개념이 등장하고 있다. 우리나라에서의 코즈 마케팅의 사례로는 2012년 CJ제일제당이 생수 제품 마이워터를 구매하는 소비자들에게 바코드를 찍어주면 아프리카 어린이들이 마시는 물을 정화시키기 위한 작업 비용으로 기업이 100원씩을 기부하는 방식으로 진행되었다.

지속가능 보고는 기업에 긍정적인 기업 이미지와 브랜드 가치를 높여 줌으로 기업의 매출 성장이나 수익률 개선에 직간접적으로 영향을 주게 된다. 따라서 기업은 최고경영자를 포함한 전임직원이 적극적으로 CSR 경영의 중요성과 필요성을 인식하고, 기업이 할 수 있는 것부터 단계적으로 실천하는 것이 무엇보다 중요하다.

아직까지도 CSR 활동이 비용이나 사회공헌으로만 생각하고 있다면 기업은 지속가능 경영을 위해서 임직원 의식전환 교육을 통해 변화에 신속하게 적응하도록 하는 전략이 필요하다.

(3) GRI G4 Guideline 분류

지속가능 경영보고서 작성의 기준이 되는 GRI G4 Guideline[38]은 아래 〈그림 7-2〉와 같이 Part 1은 보고원칙 및 표준공개, Part 2는 이행 매뉴얼로 분류된다.

(4) GRI G4 Guideline 범주

지속가능 경영보고서 작성에 대한 GRI G4 Guideline 의 범주와 항목분류는 일반표준공개와 특정표준공개, 2가지 유형으로 구분된다. 일반표준공개는 ① 전략과 분석 ② 조직 프로필 ③ 파악된 중대측면과 경계 ④ 이해관계자 참여 ⑤ 보고서 프로필 ⑥ 거버넌스 ⑦ 윤리성과 청렴성이며, 특정표준공개는 ① 경영접근방식 공개 ② 지표와 측면별 경영접근방식 공개로 경제적, 환경적, 사회적 측면으로 포괄적인 이해관계자 접근방식을 통해 조직이 어떠한 내용을 보고 할 것인가에 대하여 가이드를 제시하고 있다.

38) GRI G4 Guideline : 지속가능 경영보고서 가이드라인

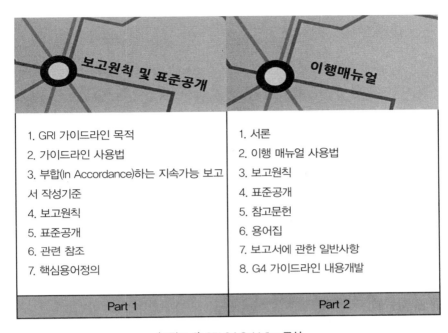

<그림 7-2> GRI G4 Guideline 구성

○ 경제적 측면

　　① 경제성과 ② 시장지위 ③ 간접경제효과 ④ 조달 관행

○ 환경적 측면

　　① 원재료 ② 에너지 ③ 용수 ④ 생물다양성 ⑤ 배출 ⑥ 폐수 및 폐기물

　　⑦ 제품 및 서비스 ⑧ 준법경영(compliance) ⑨ 운송 ⑩ 종합 ⑪ 공급업

　　체 환경평가 ⑫ 환경 고충처리제도

○ 사회적 측면

　① 노동 관행 및 양질의 일자리

　　　가) 고용 나) 노사관계 다) 산업안전보건 라) 훈련 및 교육 마) 다양성

과 기회균등 바) 남녀 동등 보수 사) 공급업체 노동 관행에 대한 평가 아) 노동 관행 고충처리제도

② 인권

가) 투자 나) 차별금지 다) 결사 및 단체교섭의 자유 라) 아동노동 마) 강제노동 바) 보안 관행 사) 원주민 권리 아) 평가 자) 공급업체 인권평가 차) 인권 고충처리제도

③ 사회

가) 지역사회 나) 반부패 다) 공공정책 라) 경쟁 저하 행위 마) 준법경영 바) 공급업체가 사회에 미치는 영향평가 사) 사회에 미치는 영향에 관한 고충처리제도

④ 제품책임

가) 고객 안전보건 나) 제품 및 서비스 라벨링 다) 마케팅 커뮤니케이션 라) 고객 개인정보 보호 마) 준법경영

GRI G4 가이드라인에 따라 지속가능 경영보고서를 작성하고 보고하기가 그렇게 쉽지 않은 것이 현실이지만 중소기업은 경영 현실을 반영하여 실천 가능한 과제부터 발굴하고 그 과제를 실천하는 것이 무엇보다 중요하며, 경영 현실을 감안한 전략적 CSR 경영을 통해 경영성과를 높이는 것이 필요하다. 즉, 중소기업의 경영과제를 경제적, 사회적, 환경적 측면으로 구분하여 중소기업의 핵심사업과 연계하여 추진함으로 기업의 경쟁력을 높이기 위한 방안의 지속가능 경영이 필요하다.

GRI G4 Guideline에서는 지속가능 경영보고서 발간에 대한 추진방향을 제시하고 있다. GRI 가이드라인의 범주와 항목 구성은 〈표 7-1〉과 같다. (출처: GRI G4 Guideline 지속가능 경영보고서 작성 가이드라인 제2장)

<표 7-1> GRI G4 Guideline의 범주와 항목 구성

표준공개	경제	환경
일반표준공개 . 전략 및 분석 . 조직프로필 . 파악된 중대측면과 경계 . 이해관계자 참여 . 보고서 프로필 . 거버넌스 . 윤리성과 청렴성 **특정표준공개(경제.사회.환경)** . 경영접근방식 공개 . 지표와 측면별 경영접근 공개	. 경제성과 . 시장지위 . 간접 경제효과 . 조달관행	. 원재료 . 에너지 . 용수 . 생물다양성 . 배출 . 폐수 및 폐기물 . 제품 및 서비스 . 준법경영 . 운송 . 종합 . 공급업체 환경평가 . 환경고충처리제도

사회			
노동관행 및 양질의 일자리	**인권**	**사회**	**제품책임**

. 고용
. 노사관계
. 산업안전보건
. 훈련 및 교육
. 다양성과 기회균등
. 남녀동등 보수
. 공급업체 노동관행평가
. 노동관행 고충처리제도
	. 투자
	. 차별금지
	. 결사 및 단체교섭의 자유
	. 아동노동
	. 강제노동
	. 보안관행
	. 원주민 관리
	. 평가
	. 공급업체 인권평가
	. 인권고충처리제도
		. 지역사회
		. 반 부패
		. 공공정책
		. 경쟁저해행위
		. 준법경영
		. 공급업체가 사회에
		  미치는 영향평가
		. 사회에 미치는 영향에
		  관한 고충처리제도
			. 고객안전보건
			. 제품 및 서비스 라벨링
			. 마케팅 커뮤니케이션
			. 고객개인정보보호
			. 준법경영(compliance)

2. 지속가능 경영보고서 공개 원칙

(1) 지속가능 경영보고서 작성 원칙

GRI G4 Guideline은 조직의 규모, 산업의 종류, 장소와 관계없이 조직이 지속가능 경영보고서 작성에 참고 가능한 보고원칙과 표준공개(Part 1), 이행 매뉴얼(Part 2)을 제공하고 있다. 지속가능 경영보고서 작성은 우선 조직의 경영활동이 이해관계자에 대해 영향이 미치는 요인을 파악하여 CSR 경영방침과 경영목표를 설정하고 긍정적 측면과 부정적 내용을 포함하여 경제, 사회, 환경에 관한 내용을 작성한다. 이러한 내용을 바탕으로 이해관계자에게 정보를 제공함으로 의사결정에 도움이 되도록 유용하고 신뢰성 있는 정보를 투명하고 일관성 있게 작성하여 공시하여야 한다.

1) 보고원칙

지속가능 경영보고서는 투명을 기본으로 하며 모든 조직에 적용되는 기본원칙이다. 보고원칙은 내용결정원칙과 품질결정원칙으로 분류된다.

(가) 보고서 내용의 결정내용은 조직의 경제적·환경적·사회적 측면에서 이해관계자들의 실질적인 기대와 관심사를 결정하도록 작성한다.

(나) 보고서 품질 결정은 지속가능 경영보고서에 담기는 정보의 경영성과가 타당하고 합리적이며 올바른 판단을 하도록 작성한다.

(다) 이해관계자가 성과에 대해 합리적 평가를 통해 적절한 조치를 할 수 있도록 보고 한다.

(라) 자가진단을 위한 수단이며 특정 공개보고가 아니다.

2) 보고서 내용결정원칙

(가) 이해관계자 포괄성: 이해관계자를 확인하고 합리적인 기대와 관심사에 대해 이해가 가능하게 설명한다.

(나) 지속가능성: 조직은 지역적, 국가적 또는 세계수준의 경제적·환경적·사회적 조건에서 개선 또는 악화에 기여하고 있는지 그 성과를 제시한다.

(다) 중대성: 중대한 영향이 경제적·사회적·환경적으로 이슈가 되는 내용으로 이해관계자 평가와 의사결정에 실질적으로 영향을 미치는 내용에 대하여 제시한다.

(라) 완전성: 경제적, 사회적, 환경적 영향을 반영하고 보고 기간 동안 조직의 성과를 평가하여 중대한 중요이슈에 대하여 경계를 제시한다.

(2) 품질결정에 대한 원칙

(가) 균형성: 조직의 전반적인 성과보고는 긍정적 이슈와 부정적 이슈를 반영한다. 이해관계자가 판단하는 데 중요한 정보 누락이나 사용자의 부당한 위압이 없어야 한다.

(나) 비교 가능성: 조직은 정보 제공에 있어 다른 조직과 비교분석이 가능하게 성과를 제시한다.

(다) 정확성: 보고서 정보는 이해관계자가 조직의 성과를 평가할 수 있는 정보로 하며 정확하고 가능하며 구체적으로 보고 한다.

(라) 적시성: 이해관계자가 적시에 정보를 이용하여 현명한 의사결정이 가

능하게 정기적으로 보고한다.

지속가능 경영보고서 필수 정보 보고 누락 발생 시 ①누락정보 확인 ② 왜 누락되었는지 이유 설명 ③공시안의 일부 또는 지표에 대해 적용 불가한 이유를 나타내야 한다. ④기밀정보가 있는 경우 그 제약 내용을 보고해야 한다. ⑤법적 금지 존재가 있는 경우 금지내용을 참조하도록 공시하여야 한다. ⑥데이터 입수가 불가능 또는 어려운 경우 이해관계자에게 인지시켜야 한다.

(마) 명확성: 조직은 보고서를 활용하는데 이해관계자가 쉽게 이해하고 접근할 수 있는 방식으로 정보를 제시한다.

(바) 신뢰성: 조직은 차후 검토과정을 거쳐 정보의 품질과 중대성을 확립할 수 있도록 보고서 작성에 사용한 정보와 프로세스를 수집, 기록, 편집, 분석내용을 공개한다.

(3) GRI G4 지속가능 보고 일반표준 공개

지속가능 경영보고서 작성을 통한 공개는 일반표준공개와 특정표준공개로 구분된다. 일반표준 공개는 ① 전략 및 분석 ② 조직프로필 ③ 파악된 중대측면과 경계 ④ 이해관계자 참여 ⑤ 보고서 프로필 ⑥ 거버넌스 ⑦ 윤리 및 청렴성으로 분류되며, 추가적으로 조직의 산업에서 중대측면에 해당되거나 조직의 해당 산업에 파악된 중대측면은 추가하여 공개되어야 한다.

특정표준공개는 ① 경영접근방식 공개 지침 ② 지표 및 측면별 경영 접근방식 공개지침으로 분류된다.

여기서 일반표준공개는 모든 조직에 적용되며 아래 도표에서 '◉' 표기는
조직의 산업에서 해당되는 경우 핵심적 일반표준공개 항목으로 공개되어야
한다. '◇' 표기는 포괄적 일반표준공개항목으로 조직이 산업에 해당되는 경
우 공개되어야 한다. 〈그림 7-3〉은 핵심적 일반표준공개와 포괄적 일반표준
공개로 분류하였다. (출처: GRI G4 Guideline 보고원칙 및 일반표준공개 개요)

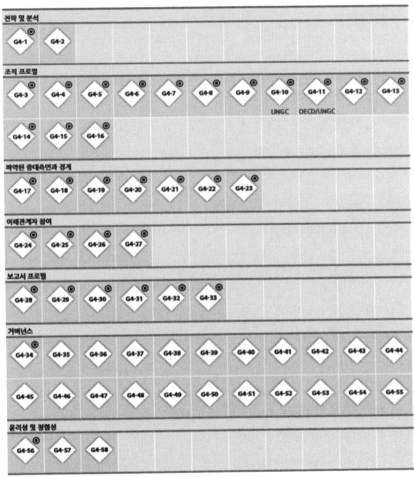

범례: U: UNGC 유엔글로벌 콤팩트 10대 원칙, O: OECD 다국적기업 가이드

〈그림 7-3〉 GRI G4 Guideline 일반표준 공개

1) 전략적 분석

G4-1: 조직의 전략에 대해 조직의 최고의사결정자(CEO, 회장 또는 이에 상
　　　당하는 고위직)의 단기, 중기, 장기적으로 기업의 비전과 전략을 제
　　　시한다.

G4-2: 조직은 중요 영향, 리스크 및 기회에 대해 간략하게 제시한다.

첫째, 국내외 이해관계자들에 미치는 합리적인 기대와 이해에 대한 영향
에 초점을 두어 경제적, 사회적, 환경적 영향에 대하여 이슈 과제에 대하여
우선순위 결정과 실적미달 또는 초과에 대한 분석을 포함하여 보고한다.

둘째, 장기적 관점에서의 지속가능성 추이, 위험과 기회주의적으로 경영
에 미치는 영향과 경영성과에 초점을 두어 정량적, 정성적으로 향후 3개년
이상으로 경영목표를 제시한다.

2) 조직 프로필

G4-3: 조직명을 보고한다.

G4-4: 주력사업의 제품 및 서비스 내용을 보고한다.

G4-5: 조직의 본사 주소지를 보고한다.

G4-6: 조직이 사업을 수행하는 국가명과 중요 이슈를 보고한다.

G4-7: 주식 소유형태와 법적 형태에 대해 보고한다.

G4-8: 사업영역을 보고한다. (제품 및 서비스 분야)

G4-9: 조직의 규모에 대해 보고한다. (총근로자 수, 총사업장 수, 매출액, 부
　　　채와 자본, 제품 및 서비스 규모 등)

G4-10(UNGC): 고용형태별 남녀 구분, 고용인 수, 정규직과 비정규직 수
　　　에 대하여 보고한다. 그리고 고용인 수에 큰 변화가 있는 경우 포

함하여 보고한다.

G4-11(OECD, UNGC): 단체 협약이 적용되는 근로자 비율을 보고한다.

G4-12: 조직의 공급망에 관해 설명한다.

G4-13: 사업장 주소변경 또는 시설확장, 폐쇄, 주식 자본구조, 공급기업 위치, 신규선정 및 계약종료에 대하여 보고 기간 중 발생한 중대 변화를 보고한다.

G4-14: 조직의 예방적 접근방식 또는 원칙이 무엇인지 방법을 보고한다.

G4-15: 조직이 가입하였거나 지지하는 외부의 경제, 사회, 환경에 관한 현장 또는 기타 자발적인 이니셔티브 목록을 제시한다.

G4-16: 조직이 가입한 협회나 국내 또는 국외 후원기관에서 거버넌스 (Governance) 기구, 프로젝트나 위원회 참여, 정기회비 외 후원 내용, 전략적 멤버십 활동에 대해 제시한다.

3) 파악된 중대측면과 경계

G4-17: 조직은 일반에 공개된 연결재무제표 또는 그와 동등한 연결재무제 표를 참조하는 방식으로 보고한다.

G4-18: 보고서 내용 및 이슈 경계를 정하여 보고원칙에 따라 어떻게 적용 되는지 설명해야 하며, 진행 순서는 아래 〈그림 7-4〉와 같다. (출 처: GRI G4 Guideline 보고 내용 결정과정 요약)

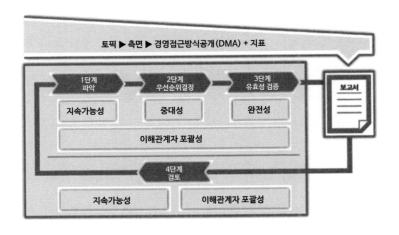

〈그림 7-4〉 GRI G4 Guideline의 보고서 내용 결정과정 요약

G4-19: 보고서 내용 결정과정에서 파악한 중대측면의 목록을 작성한다.

G4-20: 조직 내에서 어떠한 이슈가 중요성을 갖는지 보고한다. 보고하는
데 특정한 제한사항이 있는 경우 제한내용을 보고한다.

G4-21: 이슈가 조직 외부에서 중요한지 요소에 대하여(지리적 위치) 여부
를 보고한다. 보고하는 데 특정한 한계가 있는 경우 이를 보고한
다.

G4-22: 이전 보고에서 제시된 정보의 수정에 따른 영향과 이러한 수정의
이유를 보고한다.

G4-23: 범위 및 이슈 경계에서 종전 보고 기간에서 중대한 변경이 있는
경우 이를 보고한다.

4) 이해관계자 참여

G4-24: 조직에 참여하는 이해관계자들의 목록을 제시한다.

G4-25: 참여할 이해관계자를 파악하고 선정의 근거를 보고한다.

G4-26: 경제적, 사회적, 환경적 이해관계자 또는 자문위원회 등 이해관계자 참여방식을 보고한다.

G4-27: 이해관계자 참여를 통해 제기된 주요 관심사에 대하여 어떻게 개선하였는지 보고한다.

5) 보고서 프로필

G4-28: 제공된 정보에 대하여 보고 기간(회계연도)

G4-29: 최근의 보고서 작성일

G4-30: 보고 주기(매년, 격년 등)

G4-31: 보고서 또는 그 내용과 관련하여 문의처를 제시한다.

G4-32: 조직이 선택한 지침에 의거한 작성 GRI Content Index에 대하여 보고한다.

G4-33: 보고서의 조직과 외부검증 기관과 관계를 보고한다.

6) 기업 거버넌스(Governance)

G4-34: 기업경영의 통제시스템으로 최고 지배 기구 위원회를 포함하여 조직의 지배구조에 대해 보고한다.

G4-35: 최고 지배 기구에서 최고 중역진 및 기타 직원들에게 경제, 사회 및 환경적 토픽들에 대한 권한을 위임하는 절차를 보고한다.

G4-36: 조직이 경제, 사회 및 환경적 이슈에 대해 업무 책임자를 지명되어 있는지 또한 책임자가 최고 지배 기구에 직접 보고하는 시스템이 있는지 보고한다.

G4-37: 경제, 사회 및 환경적 토픽들에 대해 이해관계자들과 최고 지배

기구 간의 협의 과정을 보고하고, 협의를 통해 위임을 받는 자와 최고 지배 기구에 피드백이 제공되는 절차를 설명한다.

G4-38: 최고 지배 기구와 위원회의 구성에 따라 상임 또는 비상임 여부, 독립성, 지배 기구의 임기, 각 개인의 기타 직무 수행 및 위원회 수, 위원회 성격, 성별, 사회적 소수그룹의 대표성, 경제, 사회 및 환경적 영향과 관련된 권한, 이해관계자 대표성에 대한 항목으로 보고한다.

G4-39: 최고 지배 기구의 의장이 임원을 겸직하는지 보고한다. (겸직하는 경우 조직의 경영진에서의 역할 및 이러한 배치의 이유를 보고한다.)

G4-40: 독립성, 전문성과 경험, 이해관계자 참여 여부, 다양성 고려하여 최고 지배 기구 및 위원회의 지명 및 선정 기준을 보고한다.

G4-41: 최고 지배 기구가 조직 분위기를 결정하고 이해의 충돌을 피하기 위하여 공급업체 및 이해관계자와 상호 주식 보유, 이사회 구성원의 겸직사항, 지배주주의 존재 사항을 보고한다.

G4-42: 경제, 사회 및 환경적 영향과 관련된 조직의 목적, 가치 또는 미션, 전략, 목표의 개발, 승인 및 개선에 있어서 최고 지배 기구 및 최고 중역진의 역할을 보고한다.

G4-43: 경제, 사회 및 환경적 토픽들에 대한 최고 지배 기구의 종합적인 지식을 향상시키기 위해 취해진 조치에 대해 보고한다.

G4-44: 경제, 사회 및 환경적 토픽들의 관리와 관련하여 최고 지배 기구의 성과를 평가하기 위한 절차를 보고한다(독립적 및 빈도) 그리고 최고 지배 기구의 성과평가에 대하여 대응조치를 보고한다.

G4-45: 경제, 사회 및 환경적 영향, 리스크 및 기회 요인을 파악하고 관리에서 최상위 지배 기구의 어떠한 역할을 하였는지 보고한다. 그리

고 리스크 및 기회를 파악하고 지원하기 위해 이해관계자와 협의 과정을 거쳐 관리내용을 보고한다.

G4-46: 경제, 사회 및 환경적 토픽들에 리스크 관리를 검토하는 데 있어 서 최상위 지배 기구가 검토하는 데 어떠한 역할을 하는지 보고한 다.

G4-47: 경제, 사회 및 환경적 영향, 리스크 및 기회에 대한 최상위 지배 기구의 검토 빈도에 대해 보고한다.

G4-48: 조직의 지속가능성 경영보고서를 공식적으로 검토 및 승인하고, 중대한 이슈 내용을 확인하는 최상위 위원회 또는 직위에 대해 보고한다.

G4-49: 최상위 지배 기구에 보고하는 절차에 대해 보고한다.

G4-50: 최상위 지배 기구에 통지된 핵심 사안에 대하여 보고 횟수, 해결 하기 위한 제도를 보고한다.

G4-51: 성과급, 주식기반 배당, 보너스 등 최상위 지배 기구와 최고 중역 진에 대한 보수에 대한 정책을 보고한다.

G4-52: 보수 결정 과정에 독립적으로 자문위원 조직에서 독립적으로 수 행하는지 보고한다.

G4-53: 보수 결정에 대하여 이해관계자들의 의견이 어떻게 수렴하고 반영 되는지 보고한다. (이러한 제도가 존재하는 경우에 한정한다.)

G4-54: 전체 직원들의 연간 총보수의 중간값과 최고 보수를 받는 직원의 연간 총보수의 비율을 보고한다.

G4-55: 전체 직원들의 연간 총 보수 인상률의 중간값과 최고 보수를 받는 직원의 연간 보수 인상률을 보고한다.

7) 윤리성 및 청렴성

G4-56: 행동강령, 윤리강령과 같은 조직의 가치, 원칙, 기준 및 규범에 대해 보고한다.

G4-57: 직통 전화 또는 상담 전화와 같이 윤리 및 법적 행위, 조직의 청렴성과 관련된 문제에 대한 자문을 받는 내부 및 외부 서비스를 받은 것에 대해 보고한다.

G4-58: 비윤리적 또는 불법적 행위, 조직의 청렴성과 관련된 문제에 대한 내부 및 외부 보고 메커니즘에 대해 보고한다.

3. 지속가능 경영보고서 작성

지속가능 경영보고서 Contents는 다음과 같다.

(출처: www.smes.go.kr 일부 인용, 2020)

[Part 1] 일반표준공개

Part 1은 일반표준공개 보고사항으로 아래와 같이 중소기업의 경우 총 7가지 Contents로 분류할 수 있으며, 지속가능 보고서를 작성하는 모든 조직에 필수적으로 반영하여야 한다.

(1) CEO 인사말

(2) 보고서 소개

(3) 회사 개요

· 회사소개(회사명, 사업장 주소, 전화)

· 임직원 수

· 협력업체 수

· 회사 연혁

· 비전과 가치

· 경영전략

· 주요사업 영역

- 주요제품
- 특허, 인증 및 포상 내역

(4) CSR Governance

(5) 지속가능성 핵심 이슈(파악된 중대측면과 경계)

(6) 이해관계자 참여

(7) 윤리경영

[Part 2] 특정표준공개

경제, 사회, 환경에 대하여 다양한 이해관계자 이슈를 파악하여 회사의 중요성과 이해관계자의 중요성의 정도를 상, 중, 하로 분류하여 상으로 분류되는 내용에 대하여는 지속가능 경영보고서에 반영하여 보고한다. 이는 정성적 측면과 정량적인 측면을 고려하여 보고하는 것을 권장한다. 회사의 경영환경에 따라 환경적 성과와 사회적 성과 부분에서 일부 추가 또는 일부 제외하여 보고할 수 있다. 단, 경제적 성과에서 경제성과는 지속가능 경영보고서에 포함하여 보고한다.

(1) 경제적성과
- 경제성과

(2) 환경적성과
- 원재료 / 에너지 사용량
- 폐기물관리

· 재활용

· 환경투자금액

(3) 사회적성과

· 고용 안전성

· 차별금지

· 반부패 활용

· 사회법규 준수

· 고충처리 제도

· 안전보건

· 고객만족

· 고객정보 보호

(4) GRI Content Index

(5) 제3기관 검증의견서

지속가능 경영 일반보고 [Part 1]

(1) CEO 인사말

CEO 인사말을 통해 중소기업의 경영이념과 경영현안에 대하여 이해관계자와 관련한 중요 경영성과를 요약 및 유엔글로벌 콤팩트에 대한 지지사항 등에 대하여 〈그림 7-5〉과 같이 보고한다. (출처: 매일식품 지속가능경영보고서 일부 인용, 2016)

○○ 기업의 전통 간장은 업계 최고의 관심과 명성을 가지고 있으며, 최고의 기술력으로 글로벌기업으로 성장하기 위해 노력하고 있습니다. HACCP, ISO 9001, ISO 14001 인증을 통해 식품안전과 품질향상을 위해 최선을 다하고 있습니다. 사회적 책임을 실천하고 이해관계자와 동반 성장을 위해 지속적인 개선활동이 진행되고 있습니다. 2019. 12. 기업명, 대표이사 서 갑 부 (서명)

〈그림 7-5〉 CEO 경영철학

(2) 보고서 소개

전략적 CSR 경영에 대하여 간략하게 지속가능 보고 내용을 소개하고 보고원칙, 보고범위, 보고기간, 보고기준, 보고검증, 보고주기, 공개원칙, 문의처 등으로 구분하며 보고서 항목은 다음과 같다.

- 보고원칙: GRI G4 가이드라인, ISO 26000(2010)
- 보고범위: 국내 사업장 및 주요 공급업체
- 보고기간: 0000. 00-0000.00(00년 성과)
- 보고기준: 회계연도 기준 최근 3개년
- 보고검증: 제3기관 검증 의견서

- 보고주기: 매년 1회
- 구성특징: GRI G4에 따라 중대이슈 중심으로 보고
- 공개원칙: 회사 홈페이지 공개
- 문의처: 031-100-1000

(3) 회사 개요

회사소개는 이해관계자가 쉽게 파악할 수 있는 범위에서 자유롭게 회사명, 설립일, 업종, 대표자명, 사원 수(0000년 기준), 매출액, 매출액 구성 비율(국내, 국외), 사업분야, 주요사업장 주소, 생산제품현황으로 〈표 7-2〉, 〈표 7-3〉, 〈표 7-4〉, 〈표 7-5〉, 〈표 7-6〉과 〈그림 7-6〉과 같다. (출처: 매일식품 지속가능경영보고서 일부 인용, 2016년)

[회사소개]

〈표 7-2〉 회사소개

회사명	○○ 기업
본사/공장/연구소	경기도 안산시
회사 형태	비상장 중소기업(외부회계감사 제외 대상)
브랜드	○○ 밥상
생산제품 및 서비스	○○ 고추장
시장점유율	국내 6위(0000년 통계청 자료 기준)
국내 고객	○○ 기업, ○○ 농장

[임직원 수]

〈표 7-3〉 임직원 수

연도	단위	정규직		비정규직		합계
		남	여	남	여	
년	명					
년	명					

[협력업체 수]

<표 7-4> 협력업체 수

구분	단위	년	년	년	비고
국내	개				
국외	개				

[회사 연혁]

2018.01 ○○ 기업 설립

2019.01 기업부설연구소 설립

2019.02 ISO 9001, ISO 14001 인증

2019.03 HACCP 인증

2019.04 이노비즈 인증

2019.05 FSSC 22000인증

2019.06 명문 장수기업 확인

[비전과 가치]

장인정신으로 가장 맛있는 식품제조 및 건강한 사회를 만들어가는 기업이 되자

[경영철학과 경영방침]

건강한 가정과 아름다운 사회를 만드는 기업이 되자

[주요사업 영역]

〈표 7-5〉 주요사업 영역

No	사업 영역	비고
B2C	○○ 농협, ○○ 대리점, ○○ 온라인	
B2B	○○ 식품, ○○ 식품, OEM 포장	
수출	미국, 중국, 영국 등 20여 개 국가 수출	

[주요제품]

이미지 사진 ○○ 제품	이미지 사진 ○○ 제품	이미지 사진 ○○ 제품

〈그림 7-6〉 주요제품

[특허, 인증 및 포상 내역]

특허, 인증, 포상내역에 대하여 간단하게 〈표 7-6〉과 같이 보고하고 지속

가능 경영보고서에 첨부하여 보고한다.

〈표 7-6〉 특허. 인증, 포상 내역

No	취득일자	내용	발행기관
1			
2			
3			
4			
5			

(4) CSR Governance

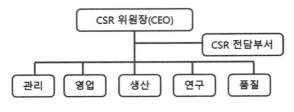

〈그림 7-7〉 CSR Governance

기업의 CSR Governance는 일반적으로 과거의 일방적인 소유주 또는 경영자 주도적 경향에서 벗어나 정부, 기업, 비정부기구 등 다양한 행위자가 공동의 관심사에 대한 네트워크를 구축하여 문제를 해결하는 새로운 운영의 방식으로, 전략적 CSR 경영에 대한 CEO에서 담당까지 CSR 조직도는 〈그림 7-7〉과 같다. (출처: 위키백과)

(5) 지속가능 경영 핵심 이슈

○○ 기업은 이해관계자로부터 믿음과 사랑을 받는 기업이 되기 위해 주요 관심사항을 파악하고 경영활동에 반영하기 위해 중대성 평가를 진행하여야 한다.

중대성 평가는 이해관계자의 중요성과 회사의 중요성을 구분하여 범용성 있게 해야 한다. 일반적으로 이해관계자자 이슈를 파악하여 프레임 워크를 기반으로 중요도 별로 상, 중, 하로 구분하여 상에 해당되는 이슈는 보고하는 것으로 권장한다.

이해관계자 이슈에 대한 프레임 워크는 〈표 7-1〉 GRI G4 Guideline의 범주와 항목 구성을 참고하여 기업의 중대성 평가를 진행하는 것을 권장한다.

정성적인 측면과 정량적 측면을 고려하여 지속가능 경영보고서에 중대성에 대한 평가를 진행하며 평가프로세스 및 결과는 〈표 7-7〉와 〈표 7-8〉, 〈그림 7-8〉과 같다.[39]

〈표 7-7〉 중대성 평가결과 보고 영역 구분(1)

Part 1. 일반표준공개							
보고영역	보고	보고영역	중대	보고영역	중대	보고영역	중대
CEO 인사말	◉	경영전략	◉	이해관계자 참여	◉	CSR 거버넌스	◉
회사소개	◉	지속가능이슈	◉	보고서 소개	◉	윤리경영	◉
Part 2. 특정표준공개							
경제		환경					
보고영역	중대	보고영역	중대	보고영역	중대	보고영역	중대
경제성과	상	원료 사용량	상	폐기물관리	상		
조달 관행	하	에너지 사용량	상	재활용	상		
경쟁 저해 행위	중	물 사용량	하	환경법규 준수	하		
		생물다양성	하	환경투자 금액	상		
		온실가스배출	중	공급업체 환경평가	하		

39) (출처: www.smes.go.kr CSR 보고서 작성 내용 일부 인용)

〈표 7–8〉 중대성 평가결과 보고 영역 구분(2)

사회							
노동 관련		인권 관련		윤리적 관련		시장 관련(제품책임)	
보고영역	중대	보고영역	중대	보고영역	중대	보고영역	중대
고용 안정성	상	차별금지	상	반부패 활동	상	안전, 보건	상
노사관계	중	협력사 인권평가	하	공공정책 침여	중	고객 만족	상
직원 교육훈련	중	인권 고충처리제도	중	경쟁 저해 행위	하	마케팅 커뮤니케이션	중
차별금지	중			사회법규 준수	상	고객 정보보호	상
아동/강제 노동	중			공급업체 영향평가	하	제품법규 준수	하
고충 처리	하			고충 처리 제도	상		

[중대성 평가 프로세스]

○○ 기업은 임직원이 참여하는 지속가능 경영보고서 발간을 위해 CSR 전담부서를 구성하여 다양한 이해관계자 중요이슈가 무엇인지 고민하였다.

중대성 평가는 회사의 프레임워크의 경제, 사회, 환경범주에서의 다양한 이해관계자 측면과 회사 내부 의견을 반영하여 상, 중, 하로 구분하는 프로세스를 거쳤다.

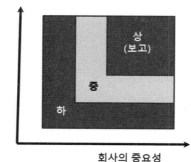

〈그림 7–8〉 중대성 평가결과 중요도 분류

이 지속가능 경영보고서는 중대성 평가결과 상에 해당하는 영역을 이해관계자에 대한 중요성과 회사에 중요성을 검토하여 보고범위를 선정하였다.

[중대성 평가 결과]

중대성 평가는 이해관계자의 중요성과 회사에 중요성을 구분하여 범용성 있게 일반적으로 이해관계자 이슈에 대하여 파악하여 프레임 워크를 기반으로 상, 중, 하로 구분하고 상에 해당하는 범주를 보고하는 것으로 하였다.

[경제적 범주]

⊙ 경제성과

[환경적 범주]

⊙ 원재료 사용량

⊙ 에너지 사용량

⊙ 폐기물관리

⊙ 재활용

⊙ 환경투자 금액

[사회적 범주]

⊙ 고용안정성

⊙ 차별금지

⊙ 반부패 활동

⊙ 사회법규 준수

⊙ 고충 처리 제도

⊙ 안전, 보건

⊙ 고객만족

⊙ 고객 정보보호

(6) 이해관계자 참여

○○ 기업은 이해관계자 참여를 위하여 이해관계자를 식별하고 인터뷰 및 설문 등을 통해 이해관계자 의견을 수렴하고 있다. 이해관계자 의견수렴 및 조치 내역은 〈표 7-9〉과 같다.

[이해관계자 식별]

○○ 기업은 경영활동에 영향을 주고 있는 개인과 조직으로 이해관계자를 정의하고 ISO 26000(2010)의 식별기준에 따라 임직원, 고객, 주주, 협력기업, 정부, 지역사회 등으로 구분하고 있다. 각각의 이해관계자의 다양한 의견을 수렴하여 경영활동에 반영하여 지속적인 개선활동으로 경쟁력을 제고하고 있다.

〈표 7-9〉 이해관계자 의견수렴 및 조치(예시)

No	이해관계자명	이슈 과제	조치 내용
1	○○ 시청	녹색기술 인증 제품 요청	녹색기술 인증 취득
2			
3			
4			
5			
6			
7			
8			
9			
10			
11			

12			
13			
14			
15			

(7) 윤리경영

회사에 모든 임직원은 윤리경영 성과를 높이기 위하여 윤리서약서를 입사 시 작성토록 하여 부정부패를 방지하고자 노력하고 있다.

회사의 윤리방침은 다음과 같다.

- 항상 정직하고 공정한 자세로 본인과 회사 명예를 유지하도록 노력한다.
- 경영이념을 바탕으로 추구하는 기업의 가치와 목표를 구성원과 공유하며 각자에게 부여된 업무를 성실하게 수행한다.
- 주어진 업무와 관련한 법규 및 회사 규정을 성실히 준수한다.

회사는 윤리경영 성과는 〈표 7-10〉과 같다.

〈표 7-10〉 윤리경영성과

항목	단위	년	년	년
비윤리 발생	건수			
시정조치	건수			
소송제기	건수			

Part 2 지속가능 경영보고서는 중대성 평가에 대하여 중요도를 상, 중, 하로 분류하여 상에 해당하는 항목에 대하여 선택적으로 보고한다. 다만, 경제적 성과부분에서 경제성과는 일반표시공개 사항으로 보고하고 지속가능 경영보고 데이터는 정량적 측면과 정성적 측면으로 보고하는 것을 권장한다.

(1) 경제적 성과

○○ 기업은 주주 및 이해관계자 수익창출을 위해 노력하고 있으며, 경영성과를 공개하는 데 있어 연결재무제표와 동일하게 자산, 부채, 자본, 부채와 자본으로 구분한다. 손익계산서는 매출액, 매출원가, 영업손익, 당기순이익을 전전년도, 전년도, 금년 계획으로 최근 3차 연도를 비교할 수 있게 〈표 7-11〉과 같이 보고한다. 그리고 시장지위, 간접경제효과, 조달 관행이 있는 경우 보고를 권장한다.

〈표 7-11〉 연결재무제표와 손익계산서 요약

항목	단위	년	년	년
자산총액	백만 원			
부채총액	백만 원			
자본총액	백만 원			
총매출액	백만 원			
매출원가	백만 원			

	단위			
영업손익	백만 원			
당기순이익	백만 원			

(2) 환경적 성과

1) 원재료, 에너지 사용량

　○○ 기업은 한정된 자원의 중요성을 인식하고 환경보호를 위하여 원, 부자재 사용량을 최소화하기 위해 친환경적인 설계를 신제품 개발 시 검토되고 있으며, 지속적인 공정개선을 통해 온실가스 저감에 최선의 노력을 다하고 있다. 지속가능 경영보고서에 보고 내역은 〈표 7-12〉과 같다. (출처: www.smes.go.kr CSR 보고서 작성 내용 일부 인용, 2020)

〈표 7-12〉 원재료 및 에너지 사용량 내역

구분		단위	년	년	년
원재료	사용량	톤			
포장재	사용량	톤			
연료	휘발유	L			
	경유	L			
	전기	kw/h			
	LNG	m^3			
용수	상수도	m^3			
	지하수	m^3			
	재활용수	m^3			
대기 오염	먼지	$\mu g/m^3$			
	이산화탄소	ppm			
방출량	폐수	m^3			
	온실가스	tCO2eq			

2) 폐기물 관리 / 재활용

폐기물관리법에서 폐기물이란 쓰레기, 폐유, 폐산, 폐알칼리 및 동물의 사체 등으로 사람의 생활이나 사업 활동에 필요하지 아니하게 된 물질을 의미한다. 폐기물관리법에 의거 폐기물 처리 및 폐기물 소각, 매립 최소화를 위하여 제품설계 단계부터 검토하고 있으며, 환경보호를 위한 폐기물 배출량과 폐기물 재활용 관리 내역은 〈표 7-13〉와 같다.

〈표 7-13〉 폐기물 배출량과 폐기물 재활용 내역

구분		단위	년	년	년
배출량	폐기물 배출량	톤			
재활용	폐지 재활용	톤			
	원재료 재활용	톤			

3) 환경투자 금액

○○ 기업은 기업성장과 함께 환경 관련 생산기반시설 투자에 대하여 중요하게 생각하고 있다. 제품생산 및 서비스 활동에서 환경적 영향을 줄이기 위해 환경설비를 정기적으로 점검하여 관리하고 있으며, 온실가스 감축을 위한 환경투자금액은 다음 〈표 7-14〉과 같다.

<표 7-14> 온실가스 감축을 위한 환경투자금액

구분	단위	년	년	년
폐기물 및 배출물 처리비용	백만 원			
제조설비 보수비용	백만 원			
공정개선 비용	백만 원			
친환경 설비 투자비용	백만 원			
총비용	백만 원			

(3) 사회적 성과

1) 고용안정성 및 차별금지

임직원은 기업의 경쟁력을 창출하는 원동력이며, 가장 중요한 자원이다. 변화와 혁신을 통해서 노사가 함께 발전하기 위해 협의를 통해 지속적인 개선이 진행되고 있으며, 5 Happy 운동(미소, 친절, 칭찬, 미안, 감사)을 통해 건강하고 밝은 직장 문화를 조성하기 위해 노력하고 있다.

성별, 연령, 종교, 학력, 신체장애 및 지역에 대한 차별을 두지 않으며, 근로기준법과 취업규칙 및 인사관리규정에 따라 모두 균등한 기회를 제공하고 공정한 평가가 진행되고 있다.

근무실적에 따라 성과급이 지급되고 근로계약에 따라 직무를 수행하고 있으며, 직무와 관련 교육훈련과 역량강화를 통해 인재를 <표 7-15> 같이 육성하고 있다.

<표 7-15> 고용안정성 및 차별금지

항목		단위	년	년	년
인당 교육시간		시간			
교육훈련비		천 원			
인당 훈련비		천 원			
고용 안정	입사 인원	명			
	퇴직 인원	명			
	퇴직률	%			
	총인원	명			
취약 계층	미성년자	명			
	아동	명			
	외국인	명			
	육아휴직	명			

※ 퇴직률: (당해 퇴직, 해고자 수 / 전년 말 근로자 수) 100

2) 반부패 활용

투명하고 정도경영을 위해 윤리방침을 다음과 같이 제정한다.

– 항상 정직하고 공정한 자세를 유지하기 위해 노력한다.

– 경영이념을 바탕으로 경영목표와 가치를 구성원과 공유하여 각자 부여
된 업무를 성실히 수행한다.

– 주어진 직무를 정당한 방법으로 수행하고 관련 법규 및 회사 규정을 준
수한다.

이와 같이 윤리방침을 실천하기 위해 모든 임직원은 윤리서약을 체결하
고 내부고발 제도를 실행하고 있다. 윤리경영 내역은 <표 7-16> 과 같다.

<표 7-16> 윤리경영 내역

항목	단위	년	년	년
내/외부 고발 건수	건수			
조치 건수	건수			

3) 사회법규 준수

○○ 기업은 제품과 서비스 활동을 위해 교통안전법, 개인정보 보호법, 산업안전보건법, 폐기물관리법 등 법규준수를 위해 외부 전문가 법률자문을 통해 〈표 7-17〉과 같이 지속적으로 관리되고 있다.

〈표 7-17〉 사회 법규 준수 내역

항목	단위	년	년	년
관련 법규 위반 건수	건수			
처벌 또는 벌금 부과 건수	건수			

4) 고충처리 제도

○○ 기업은 조직원과 의사소통을 통해 안정적인 노사문화를 구축하고 있다. 상호존중하고 의사소통 채널을 통해 다양한 의견을 수렴하고 이슈 사안에 대하여 정보를 공유하고 노사협의를 통해 해결하고 있다.

임직원의 불만 및 고충을 파악하고 신속하고 공정하게 고충처리 제도를 아래 〈표 7-18〉과 같이 운영하고 있다.

〈표 7-18〉 고충처리 불만접수 및 해결 건수 내역

항목	단위	년	년	년
고충처리 발생 건수	건수			
분쟁 또는 불만 해결 건수	건수			

5) 안전, 보건 및 고객만족

○○ 기업은 고객의 건강과 안전에 직접적으로 영향을 주고 있음을 인식하고 있다. ISO 9001, ISO 14001 인증을 통해 품질과 환경보호를 위해 시스템을 구축하여 규정을 준수하고 있으며, 고객의 안전과 보건 관리에

노력하고 있다. 고객만족 활동으로 회사 홈페이지를 통해 고객 불만 내용을 접수하여 지속적인 개선활동을 〈표 7-19〉과 같이 진행되고 있다.

〈표 7-19〉 고객 불만 접수 및 해결 내역

항목	단위	년	년	년
고객불만 접수 건수	건수			
고객불만 해결 건수	건수			

6) 고객정보보호

○○ 기업은 개인정보 보호를 위해 정보통신망 이용촉진 및 정보보호 등에 관한 법률 및 개인정보 보호법에 따라 고객정보를 지속적으로 관리하여 보호하고 있다. 피해 상황 발생 시 신속하게 대응할 수 있도록 비상사태 대응 프로세스를 구축하여 운영하고 있다.

고객정보 동의기간이 끝나면 고객정보 삭제 및 문서파괴 방식으로 고객에 대한 모든 정보를 완벽하게 제거하고 있다. 이와 같이 법규준수와 ISO 27001에 따라 정보보안을 위해 〈표 7-20〉과 같이 관리하고 있다.

〈표 7-20〉 정보보호 위반 및 누설, 도난, 분실 건수

항목	단위	년	년	년
고객정보 위반 건수	건수			
고객정보 위반 시정조치 건수	건수			

(4) Content Index

　　　　　지속가능경영보고서에서 공개되는 내용에 대하여 목차를 구성하여 〈그림 7-9〉와 같이 보고한다. 필요한 경우 GRI G4 가이드라인에 따라 추가 또는 제외하여 보고할 수 있다.

Corporate Social Responsibility Report

2020년 ○○기업[주]
지속가능 경영보고서

Contents

1. Overview ·· 02
2. 경제적성과 ·· 14
3. 환경적성과 ·· 16
4. 사회적성과 ·· 20
5. 검증의견서 ·· 25

〈그림 7-9〉 Content Index(예시)

4. 지속가능 경영보고서 검증

(1) 지속가능 경영보고서 발간 필요성

　　　　　　기업의 평가는 성장을 주도하던 과거와 다르게 사회적 책임 이행성과를 기업의 연결재무제표와 함께 평가하기 시작하였다. 과거에는 연결재무제표에 치중하여 기업평가를 하였으나 2000년대 이후부터 사회공헌 기여도, 윤리적 경영, 투명한 경영 등 사회적 책임을 경영에 반영하여 동반 성장하는 시대로 발전하면서 지속가능 경영보고서 발간에 관한 관심이 높아지고 있다.

　지속가능 경영보고서 발간이유는 다음과 같다.
　첫째, 지속가능 경영보고서는 이해관계자에게 사회적 책임성과를 공유하여 투자유치 및 기업 가치를 높이기 위한 하나의 방법이 된다.

　둘째, 지속가능 경영보고서 발간에 대한 이해관계자의 요구가 점차 늘어나고 있다. 프랑스는 2001년 신경제규제법으로 지속가능 경영보고서 발간의무를 명문화하였으며, 영국, 네덜란드 등 일부 국가에서 지속가능 경영보고서 발간을 법규로 의무화하고 있다.

　셋째, 브랜드 가치 향상과 기업 이미지를 좋게 평가를 받기 위해 발간한다. 경쟁업체가 지속가능 경영보고서를 발간함으로 이해관계자에게 호평을 받게 되고 발간이 없는 기업은 상대적으로 사회적 책임이 소홀하다는 인식을 받게 된다.

지속가능 경영보고서 발간은 2005년 15개 기업에서 2011년 100개 기업으로 급속하게 증가하면서 2015년에는 126개 기업이 발간함으로 지속가능 경영보고서를 발간하는 기업의 수가 계속 확대되고 있는 것을 〈그림 7-10〉에서 확인 할 수 있다. (출처: Business Watch, 2017.05.24, 윤도진)

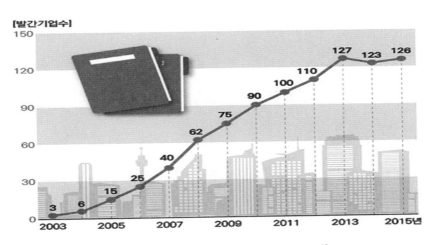

〈그림 7-10〉 연도별 지속가능 경영보고서 발간 현황[40]

(2) 지속가능 경영보고서 검증표준

지속가능 경영보고서 검증을 위해서는 영국의 사회책임 연구소인 Accountability Principles for Sustainable Development 에서 제시한 AA1000 Assurance Standard에서 기업의 사회, 환경 및 경

40) 출처: 윤도진, 지속가능경영보고서의 힘, 비지니스왓츠, 2017. 5. 24.

제적인 성과보고에 대한 신뢰도와 품질(quality)을 인증하기 위한 포괄적인 표준을 제시하고 있다.[41]

AA1000AS는 중요성(Materiality), 완전성(Completeness), 대응성 (Responsiveness)의 3가지 원칙을 중심으로 구성되어 있으며, 현재 지속가능 경영보고서 검증에 대한 최초의 검증 기준으로 전 세계적으로 사용되고 있다.

(가) AA1000 시리즈는 3개 표준으로 구성되어 있다
    AA1000APS(2008) 설명의무 원칙 표준
    AA1000AS(2008) 검증표준
    AA1000SES(2005) 이해관계자 참여 표준

(나) AA1000AS(2008) 검증수준은 수준별로 Type 1, Type 2, Type 3으로 구분되며, 기업의 요구 및 규모를 감안하여 〈표 7-21〉과 같이 검증 Type으로 확정하여 진행할 수 있다.

---

41) 출처: AA1000 Accountability Principles Standard (2008)

〈표 7-21〉 AA1000AS(2008) 검증수준 Type 분류

구분	검증 수준
Type1	보고서 내용의 정확도 평가 합의된 범위에 관한 내용의 정확성을 판단하기 위한 독립적 검토를 수행하는 것으로 지속가능 경영보고서 최초발간 기업에 적합하다.
Type2	보고서 및 조직의 시스템에 대한 평가 보고서 내용의 정확성만 아니라 Gap 분석하여 조직의 보고시스템의 효율성을 평가하는 것으로 보고서의 수준을 높이는 경우 적합하다.
Type3	모두 검증 보고서 작성 초기단계를 포함한 지속가능경영보고서 작성에 대한 중요 프로세스에 참여하는 수준 높은 검증활동을 수행함으로 지속적 개선을 위한 권고사항을 제시하는 데 적합하다.

(다) AA1000AS(2008) 검증 프로세스

AA1000AS(2008) 검증 프로세스는 〈표 7-22〉와 같이 검증신청→검증계획 및 문서검토→현장검증→검증결과 정리 및 보완→검증의견서 발행 순으로 진행되어야 한다.

〈표 7-22〉 AA1000AS(2008) 검증 프로세스

No	검증단계	검증프로세스
1	검증신청	. 검증신청서 접수 . 고객 요구사항 파악 및 검증범위, 방법협의 . 계약체결
2	검증계획 및 문서검토	. 검증심사팀 구성 . CSR 보고서 및 지속가능경영 보고서 검토 계획수립 . CSR 보고서 및 지속가능경영 보고서(안) 검토 . 현장 검증체크시트 준비
3	현장검증	. CSR 보고서 및 지속가능경영 보고서 기초 자료검증 . 중요정보 누락 및 중대오류 조사 및 확인
4	현장검증 결과정리 및 보완	. 검증심사팀과 수검팀과 검증결과 오류 확인 . 부적합내용에 대한 시정조치 . CSR 보고서 및 지속가능경영 보고서 수정내용 검토
5	현장검증 의견서 발행	. 현장검증 의견서 발생 및 보고서에 반영 후 발간

(3) 제3기관 검증의견서

외부검증기관으로부터 CSR 보고서 신뢰도를 높이기 위하여 검증받은 결과 검증의견서를 첨부한다. 제3자 검증은 필수 사항은 아니지만 많은 기업이 제3자 검증을 통해 보고서를 발간하는 경향이 높다. 검증의견서는 아래와 같다.

[검증기준]

검증표준은 AA1000AS 중심으로 GRI G4 가이드라인, ISO 26000(2010), 유엔글로벌 콤팩트 원칙준수를 중점적으로 검토하여 진행된다.

- 검증원칙으로 중요성(Materiality), 완전성 (Completeness), 대응성 (Responsiveness)원칙에 대한 적합성 확인
- GRI G4 가이드라인 보고서 내용과 품질결정원칙
- ISO 26000(2010) 사회적 책임 체계구축 프로세스와 성과
- UN 글로벌 콤팩트 인권, 노동, 환경, 반부패분야 10대 원칙

[검증수준]

검증수준은 AA1000AS 적용을 중심으로 검증하는 Type 1 일반 수준 검증을 채택하였다. 데이터는 현장인터뷰와 샘플링 방법으로 제한적 수준으로 실시하였다. 검증과정에서 수반한 주요활동 내용은 다음과 같다.

- 내부 결과보고 문서 사전검토: 내부문서 사전점검을 통해 제시한 데이터를 점검
- 담당자 인터뷰: 담당자 인터뷰를 통해 사회적 책임 전략 점검
- 이해관계자 참여체계 점검: CSR 전담조직과 관련 부서의 이해관계자 참

여체계 및 추진활동 점검

– 사회적 책임성과 시스템 검토: 보고된 성과에 대한 산출 근거 점검 및 문서 확인.

– 중요성 평가 프로세스 점검: 보고이슈 선정을 위한 중대성 평가 과정 합리성 점검

[검증한계]

지속가능 경영보고서에 대해 이해관계자 참여와 중대성 파악으로 이해관계자에게 정보공유를 위해 지속가능 경영보고서가 적합하게 작성되어 있으나 제한적 시간과 범위에서 점검되어 100% 신뢰성을 의미하지는 않는다.

(4) 지속가능 경영보고서 발간 효과

다양한 이해관계자의 요구사항을 사전에 파악하여 이해관계자 중요도와 회사 중요도에 가중치를 두고 이슈 과제를 선정하고 경영활동에 반영하여 지속적인 개선활동으로 기업의 경쟁력을 높이는 것이다.

CSR 활동 결과에 대해 정량적인 수치로 쉽게 계산하기는 어려움이 있지만, CSR 경영 성과는 기업 이미지 및 브랜드 가치 향상으로 매출액 향상에 긍정적인 효과를 여러 논문에서 입증되고 있다

중소기업의 강점과 약점을 파악하여 위험환경에서 빠르게 대처하면 지

속가능한 기업으로 성장과 임직원에게 근무의욕 고취 및 조직원의 사기를 높이는 데 기여할 수 있다. 그리고 긍정적인 홍보를 통해 기업 가치를 높이는 효과를 얻게 된다.

지속가능 경영보고를 통해 기업 이미지 및 제품에 대한 신뢰도를 높이는 효과를 얻게 되며, 대외적인 이해관계자의 투자가치를 높이는 효과를 가져 오게 된다.

임직원에게 애사심을 고취시키고 착한기업으로 인식되어 우수한 인재를 채용하는 효과를 얻어 기업발전에 동력을 얻게 된다.

중소기업의 전략적 CSR경영실무

펴 낸 날 2021년 1월 8일
2쇄 펴낸날 2021년 11월 15일

지 은 이   서정태, 손석주, 안성남, 이승용, 박용기
펴 낸 이   이기성
편집팀장   이윤숙
기획편집   윤가영, 이지희
표지디자인 윤가영
책임마케팅 강보현, 김성욱
펴 낸 곳   도서출판 생각나눔
출판등록   제 2018-000288호
주   소   서울 잔다리로7안길 22, 태성빌딩 3층
전   화   02-325-5100
팩   스   02-325-5101
홈페이지   www.생각나눔.kr
이 메 일   bookmain@think-book.com

• 책값은 표지 뒷면에 표기되어 있습니다.
  ISBN   979-11-7048-182-9(03320)

• 이 도서의 국립중앙도서관 출판 시 도서목록(CIP)은 서지정보유통지원시스템 홈페이지(http://seoji.nl.go.kr)
  와 국가자료공동목록시스템(http://www.nl.go.kr/kolisnet)에서 이용하실 수 있습니다(CIP2020054702).